佐高 信
浜 矩子

大メディアだけが気付かない

どアホノミクスよ、
お前はもう死んでいる

講談社+α《プラスアルファ》新書

はじめに

浜《はま》　矩子《のりこ》

佐高さんとの対談書第二弾に参加させていただき、光栄な限りだ。しかも、今回もまた「はじめに」を書かせていただいている。ありがたいことだ。そこでいま、改めて前回対談書（『大メディアの報道では絶対にわからない　どアホノミクスの正体』講談社＋α新書）の「はじめに」および目次を見直している。

見直しつつ、何を発見しているか。それは、前書の時に懸念していたこと、その輪郭を見極めようとしながら警戒していたことが、いまや、概《おおむ》ねその全貌を現しているということだ。チームアホノミクスの大日本帝国会社構想。その目指すところ。そして、その構想が手段として使おうとしている「働き方改革」なるもの。前書の時点では忍び寄る影だったこれら諸々《もろもろ》が、具体的な形をとって、いま、我々の目の前に登場している。

これは恐ろしいことだ。だが、それと同時に、待ち構えていたことでもある。なぜなら、「幽霊の正体見たり枯れ尾花」だからである。お化けは、出てくるまでがいちばん怖い。ホラー映画やショック・ムービーもまた然りだ。

あの角の向こう側から何が出てくるのか。多分「あれ」だと思うが、「あれ」は我々が想定している以上に恐ろしい姿形と魔力を持っているかもしれない。そう思いながら固唾《かたず》を呑んでいる時が、至福ならぬ至恐の時だ。出てきてしまえば、存外に、「え？　これ？」という感じになる。

アホノミクスもまた、その枯れ尾花的正体が見えてしまったいま、いわばゆとりを持ってやっつけやすくなってきた。その思いが強い。面白いもので、怖がらせる力を失った者たちは、自壊への扉を自らの手で押し開ける。それが、いまのチームアホノミクスの姿だと思う。森友問題や加計《かけ》問題に追い詰められ、支持率が急落し、東京都議選でも自民党が歴史的大敗を喫した。面白いことと言うよりは、かわいそうなことだと言ったほうがいいだろう。

その意味で、本書には、少々、死者に鞭打つような感もある。ほんの少しは、武士の情けをかけたくなってしまう面がある。だが、それはいけない。追い詰められた者たちは、何をするかわからない。いま一度、我々を脅かす力を取り戻すために、どんなとんでもない暴挙に出るかわからない。いまこそ、緻密《ちみつ》な警戒心をもってこれからの展開を監視していく必要がある。

現段階での緻密な警戒心を確かなものにするためには、何が必要か。緻密な警戒心の構成要素として、整えておくべきものは何なのか。これらの問いかけと認識が、本書の対談の底流を形成していた。対談を終えてその記録を確認したいま、この感慨が強い。

本書は、佐高さんと筆者によるそれぞれの問題提起から始まる。これらは、二〇一七年四月に佐高さんと筆者が講師を務めたイベントでの講演録に大幅な加筆を行ったものだ。第一章が筆者のパート、第二章が佐高さんのお話だ。第三章も、このイベントでの対談を元にしている。ここまでの展開の中で目を向けきれていなかった諸問題について、その後、改めて議論した。その内容が第四章以降に収録されている。

本書の後段に「奥行き」という言葉が出てくる。佐高さんが議論の中に導入してくださった言葉だ。これは重要なキーワードだと思う。人間には奥行きが必要だ。奥行きがない人間たちには、受容力がない。受容性なき者たちは、人の痛みに思いを馳《は》せることができない。人の痛みがわからない人々は、何をやらかしだすかわからない。奥行きは想像力だ。想像力なき者たちには、畏敬や憚《はばか》りがない。だから、いとも簡単に人を傷つけることができる。想像力なき奥行きなき人間は二次元的だ。ペラペラの紙のような存在だ。ペラペラな紙には吸収力がない。ゆとりがない。忍耐力がない。共感性がない。

いま、地球的な経済社会のあちこちで、このようなペラペラ人間たちが人々の恐怖や憎しみを煽《あお》り立て、「愛国」を振りかざしながら「国粋」の地獄の底に我々を引きずりこもうとしている。チームアホノミクスはその急先鋒に陣取っている。

ペラペラ人間たちのペラペラな扇動から、我々は自らを守っていかなければならない。ペラペラ人間たちは闇の世界の住人だ。我々は光の世界の住人であり続ける必要がある。聖書の一節にいわく「闇は光を理解しなかった」（ヨハネによる福音書）。ここにこそ、光と闇の決定的な違いがある。光ワールドに住む奥行き人間たちには、闇を理解することができる。だが、闇ワールドのペラペラ住人たちには、光を理解することができない。

奥行きを深め、理解力を高める。そのことを通じて、我々はペラペラな闇を突破する。ご一緒に奥行きある突破力を発揮してまいりましょう。

二〇一七年八月一五日

大メディアだけが気付かない　どアホノミクスよ、お前はもう死んでいる◉目次

第六章　大メディアよ、「中立」を捨てよ

第七章　「奥行きのある大人」になるために

本文写真／時事通信フォト
講談社写真資料室

第一章　いま最も警戒すべきこと、いま最も注意すべき言葉——浜　矩子

「森を見て木を見ず」が勘所

佐高さんとの「過激対談」に突入する前に、我がほうからは、いまの状況に関する二つの問題提起をさせていただきたいと思います。それらに見出しをつけるとすれば、第一に「恐るべき二つの発見」、そして第二に「使い方に気をつけるべき二つの言葉」という感じになります。

なお、これら二つのテーマの検討に踏み込んでいく前に、一つ改めてみなさんとご一緒に確認しておきたいと思う点があります。端的に言えば、それはアホノミクスをつまみ食い的に取り扱ってはいけないということです。チームアホノミクスが持ち出してくるあの手この手を、それぞれ個別的に取り上げて、これはダメだがあれはいいというような評価の仕方をすることは危険だ。つくづくそう思います。アホノミクスという名の「森」の正体は、個別の木々に気をとられていると見えなくなる。ここが最大の要注意点だと思うのです。

たとえば、昨年（二〇一六年）夏の参院選に向けてチームアホノミクスは突如として盛んに長時間労働の是正と同一労働同一賃金を前面に打ち出し始めましたよね。これらは、その後、「働き方改革実現会議」の大きな焦点になり、今年（二〇一七年）の三月末に打ち出された「働き方改革実行計画」の中でも目玉的位置づけを占めることになりました。長時間労働の是正も同一労働同一賃金も、それ自体を見ればケチをつけられるテーマではありません。個別施策として見る限りにおいては、大いに結構なことです。ですが、だからといって、「チームアホノミクスもたまにはまともなことを考えるな」とか、「これらについては、大いに推進してもらっていいのじゃないか」というふうに考えてしまうのはまずい。

重要なのは、彼らがなぜこのようなことを言い出しているのか、ということです。彼らが掲げる「強い国家の土台となる強い経済づくり」というテーマとの関係で、長時間労働の是正や同一労働同一賃金がどのような位置づけにあるのか。それを見抜くことが肝要だと思うのです。少し突っ込んで追究すれば、その辺のカラクリは必ず見えてきます。彼らが打ち出してくる政策措置の中に、多少とも純粋に人々のためによかれという発想に基づいているものは決してない。すべては「強い経済・強い国」に繋《つな》がっていく。そこを我々は片時も忘れてはいけないと思います。

要するに、アホノミクスに対しては常に全否定で対峙《たいじ》しなければいけない。この感覚を共有していただければと思う次第です。どんなに妙《たえ》なる調べでも、それを奏《かな》でているのが詐欺師集団であれば、その調べに耳を傾けることは命取りです。

強い者がより強くなり、大きい者がより大きくなる。彼らが追求しているのは結局のところ、これに尽きると思います。その結果として日本の経済社会が大日本帝国会社という名の国策会社と化していく。その総帥としてチームアホノミクスの親分・安倍晋三が君臨する。ひたすら、この構図を追求しているのです。すべての道は国策会社大日本帝国に通じる。これが彼らの合い言葉。そこから、我々は目をそらしてはいけない。チームアホノミクスの大将が「経済最優先」と言う時、それは決して我々国民のための経済最優先ではない。お国のための経済最優先です。この先、いかなる個別政策が打ち出されてきても、この基本原理は変わらない。そういうことです。

世界の真ん中で輝きたい人

意識共有パートが少々くどくなってしまって申し訳ございません。本題に入りたいと思います。まずは、「恐るべき二つの発見」です。二つの発見は、いずれも、一つの演説の中に見出したものです。問題の演説は、二〇一七年一月二〇日、通常国会の開会に当たって行われた安倍首相の施政方針演説です。

そこに筆者が見出した二つの怖い発見に、これまたそれぞれ見出しをつければ、恐怖の発見その一が「世界の真ん中で輝く国創り」、その二は「消えた財政健全化」です。

恐怖ポイントその一「世界の真ん中で輝く国創り」は、この施政方針演説の中で実際に使われている表現です。この演説の基調テーマがこれだったと言っていいでしょう。そもそも、「国創り」という言い方が何やら建国神話めいていていて不気味ですよね。我々はアホノミクスの大将に「国創り」などを発注した覚えはありません。いわんや「世界の真ん中で輝く」などという野望に付き合わされることはまったくご免こうむりたいところです。

このような言い方をしますと、ひょっとして、世界の真ん中で輝くことがそんなに悪いか？　と感じられる向きもあるかもしれません。世界の真ん中で輝くなんて、なかなかポエティックでいいじゃない？　そんなふうに思われる方がおいでになるかもしれません。それもわかります。ですが、ここは要注意です。

実は、ある人のある発言が、この「世界の真ん中で輝く」宣言の怖さを我々にとてもよく教えてくれています。その人とは、誰あろう、かのドナルド・トランプなのです。彼が何を言ったか、そして、それが我々に何を教えてくれているのか、以下に見ていきたいと思います。トランプ親父も、思わぬところで役に立ってくれました。何とかと何とかも使いようですね。

似て非なる二つの幼児的凶暴性

くしくも、安倍首相の施政方針演説日と同じ二〇一七年一月二〇日は、アメリカにおけるトランプ親父さんの大統領就任演説の日でした。何とも面白いタイミングの一致でした。神

安倍首相とトランプ大統領の共通点は「幼児的凶暴性」

様のちょっとしたイタズラか。いや、これはむしろ我々に対する天からの啓示だったと受け止めるべきでしょう。

この極めてタチの悪い二人の政治家のどこをどう警戒すべきであるのか。そしてどちらがよりタチが悪いのか。これらのことを我々がしっかり理解できるように、二人を同じ日（もちろん時差の分のずれはありましたが）に大きな演説の壇上に立たせた。それは神様の演出だった。きっとそうなのでしょう。

この二人の危険人物は、基本的に似た者同士で、両者の共通点を一言で表現すれば、それは幼児的凶暴性ということになると思います。この言い方は幼児に対して大変失礼で、ここは少々気がとがめるところです。ただ、自分の刹那《せつな》的な癇癪《かんしゃく》や願望や苛立《いらだ》ちを抑えることができないというのは、やはり子どもっぽさの表れですよね。自分に敵対していると思う人に対しては、たちどころに反撃しないと気が済まない。徹底的な個人攻撃をもって叩きのめしたい。そういう衝動を抑制できないのは、まさしく幼児性の表れにほかなりません。そうした性癖と行動様式において、この二人は本当によく似ていると思います。

ただ、それと同時に、この二人を見ていると、実は幼児的凶暴性にもいろんなタイプがありそうだということもまた、よくわかってきます。端的に言えば、トランプ親父の幼児的凶暴性は「引きこもり型幼児的凶暴性」。アホノミクスの大将のそれは「拡張主義型幼児的凶暴性」。このように分類することができると思います。そして、後者のほうが前者よりもはるかに悪性が強い。

トランプ型幼児的凶暴性の引きこもり的体質は、彼が言う「アメリカファースト」という主張の中に明確に表れています。一月二〇日の大統領就任演説の中にも、繰り返しこの言葉が出てきましたね。

「アメリカファースト」とはどういうことか。それはつまり、「これからのアメリカはアメリカのことしか考えない」ということです。アメリカはアメリカという国の中で、アメリカ自身にとっていいように生きていく。アメリカは、もはや世界のために世界に出ていくことをしない。NATO嫌い。地球温暖化なんて関係ない。自分はアメリカの大統領だ。グローバル大統領なんかじゃないもん。こんな調子です。アメリカにとって少しでも不利益をもたらしそうな他国の動きに対しては、それこそ徹底的な凶暴性をもってやり返す。だが、アメリカにとってどうでもいいと思われることに関しては知らんぷり。実に引きこもり的な感性です。

ここで注意を要することが一つあります。それは、トランプさんは決して「アメリカ・アズ・ナンバーワン」を目指すとは言っていないという点です。アメリカを世界一にしたいとは主張していない。「アメリカファースト」と「アメリカ・アズ・ナンバーワン」はまったく違います。引きこもり男にとって、世界の中でのアメリカの位置づけはどうでもいい。あくまでも、アメリカにとって居心地のいい状態をキープしたい。その視線はあくまでも内向きです。

それに対して、拡張主義男のほうはどうか。何しろ、「世界の真ん中で輝く」というのですから、その視線は徹底的に外向きです。要は世界制覇を目論んでいる。

二一世紀の大東亜共栄圏

面白いことに、拡張主義男もまた、決して「ジャパン・アズ・ナンバーワン」とは言っていない。彼もまた、目指すところは「世界一」ではないのです。二〇一三〜一四年あたりまでは、盛んに「世界一」狙いの姿勢を示していました。ところが、いまや、そうではなくなった。世界一ではなくて、世界の真ん中です。

この点でも、両者はまた、大いに違います。

世界一になるというのは、数多くの人が参加する競技会に自分も参加し、統一ルールの下で競い合い、その中で一番になるということですよね。オリンピックで金メダルを獲得する。世界選手権で一位になる。これが「世界一」になるということの意味するところですが、「世界の真ん中で輝く」は、これとはまったく違います。

「世界の真ん中で輝く」者は、他の人々と同じ条件のもとで競い合うなどということは、決してしない。自分は、あくまでも世界の真ん中に独りそびえ立ち、辺りを睥睨《へいげい》している。その他大勢はその他大勢同士のレベルで勝手に競い合えばいい。自分はそのような次元の存在ではない。我こそは太陽なり。その他大勢は我が周りの軌道上を動いていればそれでよし。これが「世界の真ん中で輝く」という言い方に込められた野望です。

つまりは、二一世紀版の大東亜共栄圏形成を目論んでいる。それがチームアホノミクスが目指す「国創り」。このイメージが極めて強く浮かび上がってきます。これに比べれば、引きこもり男などは相対的にカワイイものだと思えてしまいます。

消えた「財政健全化」目標

恐怖の発見その二に進みます。「消えた財政健全化」です。要するに、二〇一七年一月二〇日の総理大臣施政方針演説の中には、「財政健全化」という文言が見当たらなかったのです。「世界の真ん中で輝く国創り」が凄まじい勢いで前面に打ち出されていたのとは対照的に、「財政健全化」は、このテーマに関する言及がまったくないことでかえって「目立って」いたのでした。

二〇一二年の第二次政権発足後、安倍首相が施政方針演説を行うのは、今回が五回目です。過去四回の施政方針演説の中には、必ず財政健全化への言及がありました。ところが、今回は掻《か》き消えている。財政再建という言葉が、何やら申し訳程度に一回顔を出しているだけです。財政健全化への言及がなくなったので、そのための具体的な目標だった基礎的財政収支の黒字化計画についても、一切触れられていません。

ご承知のとおり、基礎的財政収支は国の財政収支から借金とその返済にかかわる部分を取り除いた収支尻です。要は、借金返済分を除いた歳出をどこまで租税収入で賄《まかな》えているかを見た数字です。これを二〇二〇年度までに黒字化する。これが財政再建に関する政府の基本方針だったはずです。ところが、今回の施政方針演説は、この目標にもまったく触れていないのです。

この点を追及されたアホノミクスの大将は、いつも言っているから、今回は止めたと発言したそうです。もしも、本当にそんな調子で施政方針演説をつくっているのなら、そのうち演説に盛り込むべきテーマがなくなってしまうでしょう。

健全財政はなぜ重要なのか。国の財政はなぜバランスが取れていなければいけないのか。それは、国家が国民に対するサービス事業者だからです。国家は、公共サービスの提供を通じて国民に奉仕するために存在する。このサービスが質量ともに十分なものであり続けるためには、そのための資金源である国家財政が安泰な状況に保たれていなければいけません。

ところが、チームアホノミクスはこの重要な責務を施政方針から削除してしまった。このようなことをするのは、国民に対する国家の背信行為だと言えるでしょう。まさに、とても怖い話です。

この背信行為を正当化するための材料として、チームアホノミクスが持ち出したのが、「シムズ理論」の考え方でした。

これは、クリストファー・シムズ［一九四二―。米プリンストン大教授。二〇一一年にノーベル経済学賞を受賞］という経済学者が提唱している理論で、ざっくり言ってしまえば、「意図的積極的無責任財政の勧め」です。国々の政府は財政収支の均衡などを目指したりせず、赤字垂れ流し方式でカネを使い放題使いまくったほうがいい。政府が財政赤字の解消にこだわって増税をしたり歳出を削減したりするから、いくら金融緩和を大々的に進めてもデフレから脱却できない。だから、政府はぜひ、意図的無責任財政を採用すべし。そういうわけです。しかも、意図的無責任財政を展開すればインフレになる。インフレが進めば政府の実質的な債務返済負担は軽くなる。万事めでたしめでたし。これがシムズ理論の考え方です。

少なくとも、チームアホノミクスはこのような形でシムズ理論を自分たちの掩護射撃のために使おうとしました。そのために一肌脱いだのが、かの浜《はま》田《だ》宏一《こういち》内閣官房参与［一九三六―。経済学者。東京大学名誉教授。米イェール大学名誉教授。第二次安倍政権発足時から内閣官房参与を務める］でした。

日銀の御用銀行化

意図的無責任財政はなぜ怖いのか。前述のとおり、これはまさしく国民に対する国家の責任放棄にほかなりませんから、そのこと自体が本源的にとても恐ろしく、かつ許し難いことです。それに加えて、この問題にはさらにもう二つの大きな怖さが潜んでいます。その一が国家財政の私物化問題。そして第二に中央銀行の御用銀行化問題です。

一国の政府が財政節度を保つ責任から解放されてしまえば、そのような政府は好きなように財政資金を使うことができるようになってしまいます。自分たちの意図するところに向かって、いかようにでもばら撒き財政を展開することができるようになってしまう。財政のまるごと私物化が可能になってしまうわけです。モリ（森友学園）やカケ（加計学園）の類いの姑息《こそく》な政策制度の私物化よりも、もっと包括的で本源的な公的枠組みの私物化が成り立ってしまう。

ただし、この国家財政の私物化という第一の問題が実現するためには、第二の問題である中央銀行の御用銀行化が制度化されなければなりません。なぜなら、いくら政府が無責任財政を展開したいと思っても、先立つものがなければそれはできないからです。借金を返す気がないと宣言した政府に資金を用立てるようなことを民間の投資家がやるわけがない。「お国のため」ということで民間から強権的にカネをふんだくるというやり方もあるでしょう。そんな日が来ればまさに世は暗黒のファシズム体制に呑み込まれてしまうわけです。それも要警戒ではありますが、そこまで行かなくても、実を言えば国々の政府にはもっと簡単な資金調達の手法があります。それが、中央銀行に国債を直接引き受けさせるというやり方です。要は中央銀行が打ち出の小槌となって、政府の言いなりにおカネを振り出すというやり方です。逆に言えば、この体制を整えることが無責任財政を実現するための第一要件となるわけです。

もしも日銀が打ち出の小槌になって無責任財政を実現するというやり方が始まってしまえ

ば何が起こるか。おそらくその段階で、国の予算というものが我々の目の前から消えてなくなるでしょう。

国家予算というものが編成されるのは、国会審議を通じてその妥当性を民主主義的にチェックしてもらう必要があるからです。この吟味を経て、初めて一国の政府は資金を調達できる立場に立てる。ところが、中央銀行が打ち出の小槌となっていくらでも政府に資金を提供してくれるようになれば、手間暇をかけて予算を編成し、国会でチェックを受ける必要はなくなってしまいます。

かくして、我々がまったく知るよしがない密室の中で、政府は好きな時に好きなように好きなだけのカネを使うことができるようになる。どうも、そのような体制の確立に向けて、チームアホノミクスは懸命に準備を整えているように見えます。それもこれも、「世界の真ん中で輝く国創り」を進めるため。そういう構図なのだと思います。

その意味で、「世界の真ん中で輝く国創り」と「消えた財政健全化」という二つの怖い発見には、間違いなく表裏一体の関係があると言えるでしょう。「世界の真ん中」が目指す場所。そこに辿り着くための手段として「財政の私物化と中央銀行の御用銀行化」を実現しようとしている。このように考えるべきところだと思うのです。

ここまで露骨に彼らがその目指すところを表に出し始めているのには、理由が二つあると思います。一つ目が焦りから、二つ目が好機感からです。

アホノミクスが思うようなペースで進んでいない。長時間労働の是正や同一労働同一賃金など、当初の彼らの枠組みの中にはなかったテーマも取り込まざるを得なくなった。それだけ、追い詰められた思いがある。だからこそ、逆にムキになって「アベノミクスは失敗したわけではありません」と弁明しなければならなくなっている。こうした切迫感の中で、先を急ぐ思いが募っているでしょう。

チームアホノミクスの前傾姿勢のもう一つの要因、好機感とは、「いまがチャンス」という感じですね。アメリカに引きこもり型幼児的凶暴性男が出現したことで、ここぞとばかりに二一世紀版大東亜共栄圏建設の野望を前面に出してきているのでしょう。引きこもり男は、決して拡張主義男の邪魔をしない。その読みが、彼らの鼻息を荒くさせているのだと思います。

反グローバルの落とし穴

以上の「恐るべき二つの発見」を意識しつつ、問題提起編の第二テーマである「使い方に気をつけるべき二つの言葉」に話を進めたいと思います。

問題の二つの言葉は、その一が「反グローバル」、その二が「ポピュリズム」です。これらの言葉をめぐって妙な誤解をすると、我々は敵の術中にはまることになりかねません。

まずは、反グローバルです。反グローバルという言葉は、これまたとても怖い落とし穴だと思います。この落とし穴に落っこちてしまうと、その穴の底では実におぞましい妖怪が我々を待ち受けています。その妖怪の名は国粋主義です。

いまの世の中には、とかく諸悪の根源はグローバル化にありと思いたくなってしまう面がありますよね。格差が拡大するのはグローバル化のせい。貧困問題が深刻化しているのも、グローバル化のせい。良識的で良心的な市民であればあるほど、とかく反グローバルという狼煙《のろし》を上げたくなる。そういう面があると思います。

しかしながら、これはいけません。グローバル化というのは単なる現象です。その現象を生かすも殺すも我々次第です。我々が反グローバルを叫んでお互いに国境を閉ざし合ってしまえば、そこから出現してくるのは、国粋主義と国粋主義のぶつかり合いです。一九三〇年代への逆戻りです。大日本帝国における民主主義の暗黒です。

グローバル時代とは、我々がその扱いを間違えなければ、とてもいい時代となり得る特性を二つ持っていると私は考えています。

一つには、グローバル時代は、誰も一人では生きられない時代だということです。原発メルトダウンの結果として、福島の片隅で小さな部品工場が操業停止に追い込まれると、たちどころに世界中で自動車生産が停止しました。巨大な自動車メーカーが立ち往生してしまったのです。かくのごとく、いかに強大にして巨大な者たちも、最小にして最弱なる者たちの支えなくしては生存し続けることができない。そのようなグローバル時代においては、おのずと助け合いと分かち合いと支え合いが国境を越えた人類共通の行動原理となりやすいはずです。

グローバル時代のもう一つの特徴は、それが「パックス誰でもない」時代だということです。かつてローマ帝国が栄耀栄華を極める中で、「パックス・ロマーナ」という言葉が生まれました。ローマの繁栄が世界に平和をもたらすということです。このように豪語して、ローマ帝国の皇帝や支配層が胸を張ったのでした。一九世紀には、これをもじって「パックス・ブリタニカ」という言葉が生まれました。大英帝国が繁栄し続ける限り、その力によって世界に平和がもたらされるというわけです。そして第二次大戦後は「パックス・アメリカーナ」の時代になったと言われました。アメリカの覇権が世界の安定をもたらすということです。

しかしながら、いまや、誰もそのような形では胸は張れない。何しろ、誰も一人では生きられない時代なのですから、誰も突出した強さを独占することはできない。誰もが誰かのお世話になっている。覇権なき時代です。つまりは「パックス誰でもない」時代。誰一人として威張りくさることができない。みんな、お互い様のおかげ様。グローバル時代のこうした側面をどう前面に導き出すことができるか。それが問われるところです。それができれば、我々は決して国粋主義の妖怪の餌食にはなりません。決して、「世界の真ん中で輝く国創り」の道具とされてしまうこともないでしょう。

ポピュリズムの本当の意味

第二の使い方要注意用語が「ポピュリズム」でした。ポピュリズムという言葉を、いまや我々はもっぱら否定的なイメージで使うようになっていますね。大衆を言葉巧みに操って、変な方向に引っ張っていく政治家たち。これが、今日におけるポピュリストのイメージです。悪いのは移民どもだ。外国だ。アメリカファーストでなきゃダメだ。強い日本を取り戻す必要がある。世界の真ん中で輝こう。こうした言い方で人々を鼓舞し、熱狂させ、国粋と排外の檻の中におびき寄せていく。そんな人々をいま、我々はポピュリストと呼ぶようになりました。

このような人々に対して警戒心を強めるのは、実に必要なことです。ただ、彼らのためにポピュリズムという言葉そのものが本源的に邪悪な響きの中に封じ込められてしまうことには、大いに問題があると思います。

ポピュリズムという言葉の本来の意味はまさに読んで字のごとしです。人民主義、あるいは人民本位制と言ってもいいでしょう。人気がある人を指してあの人はポピュラーだと言ったり、流行歌がポピュラーソングと言われたりするのも、そこに「人々の意に適う」という意味合いが込められてのことです。「人民の、人民による、人民のための政治」を唱えたエイブラハム・リンカーンなどは、さしずめ、筋金入りのポピュリストだと言うべきところでしょう。

そういう観点から考えれば、実はいまこそ、本来の意味での真っ当なポピュリズムを復元させないといけない時代なのだと思えてきます。これだけ右翼排外主義と全体主義的な気配が広がり、世界制覇の野望を振りかざすヤカラが出現するような状況になってくると、いままさに必要なのは真のポピュリズムなのだという思いが強まります。

いまの世の中がとんでもなく怖い方向にすっ飛んでいくことを阻止してくれるのは、ひょっとすると真の「グローバル・ポピュリズム」なのかもしれませんね。この言葉にしっかりした意味内容を付与していくことこそ、今日の我々に与えられた使命なのかもしれません。

この知的作業が奏功すれば、引きこもり男だろうが拡張主義男だろうが、決して我々を国粋の暗黒に陥落させることはできなくなるでしょう。この思いをみなさんと共有させていただきつつ、第一章を締め括りたいと思います。前座はここまで。

第二章　愛国スキャンダルの深層――佐高　信

愛国心の正体

浜さんは前座とおっしゃいましたが、とんでもない。過激にして見事な、真打ちの一席を披露いただき、つい聞き惚れてしまいました。浜さんが解析された断末魔のアホノミクス論を受けて、ここでは私の考えをまず最初に整理させていただきます。

私は作家の城山三郎《しろやまさぶろう》さんと親しくさせていただきました。城山さんが亡くなって一〇年になります。昭和二年生まれの城山さんが、同じ年に生まれた作家の吉村昭《よしむらあきら》さんと対談したことがありました。それを読み返していたら、なるほどと思いました。

城山さんはご存じの方も多いかもしれませんが、一七歳で海軍に志願して、特攻用の少年兵になりました。その城山さんに対して、吉村さんが「城山さん、あの戦争、負けてよかったですね。負けたのがいちばんの幸せ。そう思いませんか」と言うんです。すると城山さんが「元少年兵としては、負けてよかったとは言いたくないけど、でもあのままいったら大変だったろうね。第一、軍人が威張ってどうしようもなかったでしょう。軍人が威張る。警官が威張る。町の警防団長も威張る。鉄道員まで威張る。愛国婦人会の会長も威張る。在郷軍人会も威張る」。簡単に言えば、安倍首相や森友問題の籠池《かごいけ》夫婦みたいな人が威張る時代になってしまうということですね。

籠池泰典・諄子夫婦

「いまはお巡りさんも優しいものね。『すみませんが』とくるものね。昔は汽車に乗っても検札の時、客は被疑者扱いだった。いまはみな優しくて、本当にいい時代ですよ」と城山さんは言っている。

ところがいま、「負けてよかったですね」とはなかなか言いにくい時代になっている。でも、やはり私たちは、負けてよかったと言い続けなきゃいけないと思うんです。「負けてよかった」という人と、「負けたのがよくなかった。今度こそは」という人の闘いが始まっているのではないか。「負けてよかった」——戦争に向かう安倍政権とその取り巻きに対して、そういう打ち返し方をしていかないといけない。そうでなければ、愛国心というものが間違って広がってしまう。正しい愛国心というものがあるのかどうか、わかりませんが。

安倍首相や籠池夫婦を見ているとわかるように、あれは「上から外から」の愛国心ですよね。「下から内から」湧き上がる愛郷心ではなくて、上から外からの、愛国心の押しつけだと思うんです。要はストーカーみたいな話です。彼らに愛国心があるとしたら、それは愛国というよりも、愛私なんです。利己的愛国心です。愛国心の名のもとに自分たちの利権を追求する。これが彼らの愛国心の正体でしょう。

なぜ英語で演説したのか？

彼らの言う愛国心は、上から外からの、根を持たないナショナリズムです。でも、だからこそ好き勝手に跋扈《ばっこ》している。それとどう闘うか。浜さんが言われたように「反グローバリズム」や「ポピュリズム」という言葉の罠に陥らずに、どういうふうに打ち返していくのか。それが私たちに課せられた大きなテーマだと思います。

その一つの方向を、いまからお話しします。

もう一昨年（二〇一五年）になりますが、安倍首相がアメリカに行って議会で演説をしました。あの時、彼は英語で演説したんです。「僕《ぼく》ちゃん、よく頑張ったね」と声をかけたくなるような、恥ずかしい英語でした。なぜ英語なのかと私は思った。なぜ使い慣れない英語を使うのか。

象徴的な意味で言いますが、籠池氏や日本会議の人たちが草莽《そうもう》の右翼であるなら、あれにいちばん反発しなければならないはずです。「日本語で話せ」と。私は育ってきた東北弁と東京弁のバイリンガルで、だから言葉にコンプレックスを抱かされた時代があるわけです。その私からすると、なぜ英語なのかと思う。そのことをコラムで書いたんですが、共鳴する人が少なかった。

孤立には慣れているけれど、この問題でも孤立かという感じがしていたところ、沖縄の社民党の照屋寛徳《てるやかんとく》さんが反応してくれた。そして内閣に質問主意書をぶつけてくれた。「なぜ英語で演説したのか。ではどこで日本語で演説しているのか」と。返ってきた答えはこうです。

アジア・アフリカの会議では日本語で演説したというんです。やはりこれは大東亜共栄圏の発想です。私のささやかなこだわりがそのことをあぶり出した。それを、通訳者の鳥飼玖《とりかいく》美子《みこ》さんという英語の堪能な方と対談したときに話したんですが、日本人は言葉を奪われたことがないからわからないのだとおっしゃいました。たとえば沖縄は言葉を奪われたわけです。東北弁も虐げられてきた。私も昔は恥ずかしくて喋れなかったわけです。

『どアホノミクスの正体』という浜さんとの前回の対談集でも話しましたが、ＥＵは通貨は

５万部突破の前著

統一したけれども各国語を残しました。言葉は残したんです。上から外からの愛国心ではなく、根としての生活を重視するからこその判断だったと思います。

安倍首相が英語で演説したことに対して、なぜ私たちは反発しなかったのか。そこが籠池氏たちの登場を許すことに繋がったと私は思う。

彼らの押しつけの愛国心に対して、そうではないのだ、生活の場こそが大事なのだと言うためには、なぜ英語なのかということにも疑問を抱かなければいけないでしょう。アメリカに行って英語で演説した安倍首相を、日本のメディアも私たちも、よく健闘したじゃないかと、うやむやにしてしまった。こういう心性が、籠池氏たちや、いわゆる日本会議の登場を許すことになってしまった。都合のいいつまみ食いの愛国主義、利権の愛国主義に対して、根っこはどこにあるのかと厳しく問わねばならない。

言葉というのはまさに暮らしだから、そこを重視して、そこで踏みとどまらなければ、彼らを撃てない。負けてよかったと本気で言うということは、そういう姿勢でいることではないかと思います。

教育勅語と水平社宣言

方言の力を私は思います。沖縄では明治末の富国強兵の時代から第二次大戦の大東亜共栄圏の時代に至るまで、方言を使うと首から札をぶら下げられて、方言を使わないように指導された。方言を根絶やしにするということは、軍隊的統制を強制するということです。逆に言うと方言は偽りの愛国心を撃つ拠点になると私は思うんです。

福島の亡くなった詩人・歌人・小説家で、草野比佐男《くさのひさお》さん［一九二七―二〇〇五。相馬農蚕学校卒。一九七二年発表の詩集『村の女は眠れない』はNHKでドキュメンタリーとして放映され反響を呼んだ］という方がいます。一度ぜひ会いたかった人です。「村の女は眠れない」という強烈な詩を書いた人です。出稼ぎと離農を告発した詩です。私が福島に講演に行った時、草野さんを慕っていた人が草野さんの歌集をくれました。そこに素晴らしい歌が二つあった。

一つは、「戦争をしたくばうぬらが征きてせよ命の予備を我ら持たざり」。もう一つは、「アメリカが戦争の愚を悟るまでイラク戦えフセイン死ぬな」。強烈ですね。体の中から湧き出た言葉には、日本会議流の薄っぺらな愛国心を吹き飛ばす力がある。

昨日たまたま森友問題の集会で話してきました。そこで私は教育の問題と森友の問題は表裏だと言ったんです。教育勅語は、天皇をはじめとする特別な人は特別でいいということです。人間平等という考え方とは違います。

作家の住井《すみい》すゑさん［一九〇二―一九九七。奈良県出身。被差別部落を舞台にした代表作『橋のない川』は映画化もされた］がこう言っていました。教育勅語を、部落解放運動の原点である水平社宣言と並べて読む教育をしなければならないのだ、と。教育勅語を視界から消してしまったことが逆に問題だったんですね。一ページ目に「朕惟《おも》フニ我カ皇祖皇宗」という教育勅語と、「人の世に熱あれ、人間に光あれ」と締めくくる水平社宣言を照らし合わせよ、と。教育勅語に触れさせないことがまずかったのだと住井さんが言っていました。まず、それへの批判の目を養えなかったことが、いまの逆襲を許してしまったと私は思います。

教育勅語は森友の問題と地続きでしょう。お友達は特別に扱います、と。教育勅語があった時代は、尊属殺人の罪が重かった時代です。尊属殺人とは親殺しです。逆に言えば、親を殺さなければならない状況というのは、よほど大変な思いを抱えていたのかもしれない。ところが親殺しの罪が重いということは、子は親に従うべきだという強制力から生まれてくる。ここで天皇と親が二重写しになるわけです。尊属殺人が生きていた時代が、教育勅語の時代です。それを故意に忘却して、「夫婦相和し」とか「兄弟仲良く」というのはいいじゃないか、と稲田朋美《いなだともみ》などが言っていたわけです。

森友問題と公明党

特別な人間をつくるというのが教育勅語の眼目であり、私たちはそこを批判し抜かなければいけない。身分主義、あるいは親孝行を押しつけることが、特別な存在を許す。

森友問題、あらため安倍友問題と言ったほうがわかりやすいですが、いちばんおかしいと思うのは、与党が安倍昭恵《あきえ》夫人の証人喚問や参考人招致に反対していることです。当然、与党は自民党だけではありません。公明党がいるわけです。

疑惑の三日間ということがよく言われます。二〇一五年の九月三日、四日、五日です。三日に財務省幹部と面会した安倍晋三は翌四日、国会会期中、しかも戦争法案（平和安全法制）審議の渦中にもかかわらず日帰りで大阪まで出かけていって、「ミヤネ屋」という番組に出た。その後、安倍は秘書官の今井尚哉《いまいたかや》と共に冬柴鐵三《ふゆしばてつぞう》の二男の冬柴大《ひろし》が経営する梅田の「かき鐵」という牡蠣鍋屋で会食をしているんです。

この冬柴という名前をどこかでご記憶しているでしょう？　公明党の幹事長だった人です。「かき鐵」というのは、おそらく鐵三の鐵でしょう。冬柴は第一次安倍内閣で国土交通大臣をやっています。そしてこの日、国交省が森友学園への五六四四万円の補助金交付を決定している。冬柴大はりそな銀行高槻支店の次長をやったのち、冬柴パートナーズ株式会社

安倍昭恵氏

を設立していて、ここは助成金申請援助業務を行っている。そして森友学園はりそな銀行と業務提携しています。安倍昭恵夫人が塚本幼稚園で講演し、瑞穂の國記念小學院の名誉校長に就任したのがその翌日の九月五日。状況的に極めて怪しいんです。

だから公明党はとにかく触ってほしくないのではないか。本当に公明党というのはおかしい。

「自民には折伏《しゃくぶく》される公明党」という川柳がありました。

これからどう闘っていくかという時に、わかりやすく戦争に負けてよかったと言えることともう一つ、私は世襲の問題があると思う。

世襲と民主主義は真っ向から反する。いまの自民党議員の三人に一人が世襲です。それだけで、三分の一が存在としてすでに民主主義的ではないということです。世襲の問題が教育勅語と結びつくと思います。資本主義に倫理があるとすればスタートラインの平等でしょう。スタートラインがまったく平等ではないのが世襲です。しかも世襲は自民党が圧倒的に多いわけです。世襲というのは身内の特別枠です。

私なんかは死んで残すようなものは何もないわけですけども、親から子に財産を受け継ぐ際の税金をまけるとか、彼らはそういう政策ばかりやってますよね。森友・加計問題がこれだけ報道されていて、でも政権を突き崩すところまで行けないのは、自分も何かにあずかれたらいいな、あるいは安倍政権は何か旨みをバラまいてくれるんじゃないかみたいな幻想がどこかにまだあるのではないか。支持率もなかなか下がらなかった。支持率自体、細工している可能性もあるけれども、しかしそれでもなかなか下がらなかった。

世襲というものに対して、民主主義や、真っ当な資本主義に反するものであると断罪する構え方が、いまひとつ浸透していないという感じがしてなりません。

年寄りの繰り言みたいになってきましたが、最近は入社式にも父母が行くと言います。親の椅子も用意しておかなければいけないそうで、会社も大変ですよ。友人から聞いた笑い話みたいなことですが、娘さんが会社を休んだら、代わりに母親が座っていたそうです。そういうことが異様だと思われない状況をどう打破していくのか。

落語風におあとがよろしいようで、とはいきませんが、第三章以降、浜さんとの対談で問題を深めていきたいと思います。

第三章　大人の感性が問われている

赤字垂れ流し財政がベスト？

佐高　浜さんが先ほどのお話のなかで、浜田宏一氏に言及されました。「意図的積極的無責任財政」の推進役になっている、と。アホノミクスの大顧問みたいな立場だったわけですが、浜田宏一氏自身が自分は誤っていたと言ったそうですね。これはどういうことなんでしょうか。

浜　浜田宏一先生、すっかり先ほどお話ししたシムズ理論なるものの宣伝隊長になってしまわれましたね。お気の毒な気持ちが深まります。まさに大顧問という感じで祭り上げられて、チームアホノミクスが宣伝したいことを触れ回るために利用されている感が濃厚です。「私は考えが変わった」とか「目から鱗《うろこ》が落ちた」とか言って、シムズ理論をプロモーションする役回りを担うことになってしまった。

ことの発端は、去年の夏にアメリカで開催されたジャクソンホール会議です。これは毎年夏にワイオミング州のジャクソンホールで開かれる会合で、世界の中央銀行家や経済政策関係者が集まります。そこで、クリストファー・シムズという学者が、研究論文を発表した。その内容に浜田氏とチームアホノミクスが虜になったというわけです。

日本は量的緩和なる金融政策——私はあんなものは金融政策と言わないと思いますけど

——で、中央銀行がやたらとカネを市場に流し込んでいる。だが、その一方で財政が緊縮路線を続けていたのでは、いつまで経ってもデフレから脱却できない。それは多くの先進諸国について言えることで、彼らは即座に緊縮財政を止めるべきだ、そして、いわば意図的無責任財政にスタンスを切り替えるべし、そのようにシムズ先生は言っているのです。世界に先駆けて、日本がこの先端的な取り組みに挑んでいただければ素晴らしい。そんな言い方もしています。

こうした一連のシムズ発言に浜田さんが反応した。自分はそれを聞いてきて目の前が明るくなったというような言い方で、さかんに「日経新聞」や『文藝春秋』を相手にシムズ理論の薦めを唱え始められた。そういう展開でしたね。

要するに、チームアホノミクスとしては赤字垂れ流し財政をやることがいまベストだし、そのためには日銀が日本政府から国債を直接に引き受けることができるようにしなければいけない、という筋立てを国民の頭の中に刷り込みたい。そのための斬り込み隊長役を浜田さんが担うことになっ

浜田宏一・内閣官房参与

たわけです。一種のマインドコントロール作戦ですね。チームアホノミクスが好きなやり方です。

佐高　教祖というのは、普通はそれなりに強力なものです。でも、浜田氏はどこか滑稽《こっけい》で弱々しい。

浜　浜田氏は教祖的位置づけにあるわけではない。実際はかなりまじめな人なのだろうなと思います。影響されやすいのかもしれません。

彼が安倍政権とかかわりができる前に、一度シンポジウムで一緒になったことがあります。その時は、いまのような役回りにつくような人には見えませんでしたよ。どうしてこんなふうになってしまったのかよくわかりませんが、あるテレビ番組でご一緒した時、彼は自分が政策立案に具体的にかかわることができるようになり、そうした形で世の中の役に立てることに喜びを感じるというようなことを言われていました。どうも、踊らされている感じがしてしまう。

ですから、浜田宏一さんを教祖視したり、アホノミクスのブレーンだというふうに位置づけるのは間違いじゃないかと思うのです。単に広告塔に使われているだけではないのか。そう考えると、何やら同情してしまうのです。

類は友を呼ぶ――安倍夫婦の場合

佐高　民衆をマインドコントロールするために動き回っているというよりは、むしろ浜田氏自身も洗脳されている側という気がしてくる。

浜　そういうことです。完全に洗脳されてしまって、佐高さんが先ほど言われたのとはまた別種の愛国心というか、お国のために自分はお役に立っているのであるということに、こよなき喜びと自己実現の手ごたえを感じておいでのように見受けられます。

佐高　それは権威主義者でありつつ、奴隷であるということであり、ファシズムを構成してしまう人間のあわれで典型的なありようですね。浜田氏にはそれほどまでに役に立ちたいという気持ちがある？

浜　少なくとも、私にはとてもそのように見えてしまいます。アメリカでの研究生活が長いからか、日本で政策形成の役に立ちたいという思いを強くお持ちのようです。権威をサポートするエリート集団の一角を形成することに、かなり憧憬が強そうな気もします。そして、チームアホノミクスにはそういう傾向がある人々を引き寄せる引力があるのだと思います。浜田さんも、引き込まれていく集団を間違えなければ、いまのような感じにはならずに済んだかもしれない。結構、素直に騙されるタイプかも。

佐高　安倍昭恵レベルですね。昭恵夫人も、はた迷惑な勘違いで、やたらと役に立ちたいと言うでしょう。そこには自己啓発的な薄気味悪さもある。
浜　類は友を呼ぶということがありますよね。妻も仲間もみな類友《るいとも》集団。類友同士が見当違いな貢献感をもって盛り上がる。それがどんどんとんでもない方向感を醸《かも》し出していく。お互いにマインドコントロールし合っていると見たほうがいいかもしれません。
佐高　昭恵夫人の場合は、置かれた立場をすっ飛ばして、とにかく役に立ちたいんですと言う。やるべきでないのに、やっちゃいけないことをやってしまう。
　勘違いした使命感ということで私が驚いたのが日本青年会議所、ＪＣというボンボンの集まりです。麻生太郎や鴻池祥肇《こうのいけよしただ》もＪＣ出身です。私がＪＣ批判を書いたら、生意気に、「批判する人に来てほしい」と言ってきたんですよ。だから私も講演に出かけて行った。すると最初に「青年会議所に期待するものは何ですか」と訊く。私は「何もない」と言ったんです。そしたら全員が白けている。自分たちは期待されている、自分たちが何とかしないといけない、そう思い込んでいるんですね。彼らはやたらと肩書にこだわる。理事長、直前理事長、元理事長とか、無数に肩書がある。日本会議の実動部隊は、たぶん青年会議所あたりだと思っています。森友問題は、そういったお粗末右翼、類友集団の中の内輪揉めという面もあるんでしょう。

弱虫にはゆとりがない

浜　そういう人たちに共通しているのは、権威への強い憧れですよね。だから、肩書に敏感になる。常に強さと力を掌握している側にいたいという志向性ですね。そして、実を言えばそれは気弱な者たちに共通する特性です。アホノミクスの大将も含めて、類友集団のみんながその意味で弱虫なのだと思います。

弱虫というのは厄介なもので、ゆとりがない。ゆとりがないからすぐ力ずくで物事に決着をつけようとする。弱虫の権力志向がファシズムを形づくるという面がある。あの人たちは本当に弱虫なものだから、すぐ相手をやっつけないと安心できない。そして大したことを言われていなくても、たちどころに被害妄想に陥って、自分にはない力をさらに頼んで批判者たちを潰していこうとする。

共謀罪を強行採決したことや、軍備増強にどんどん傾斜していくこともそれと関係がある。そういう人たちの周りにふわふわと漂っているのがアッキーみたいな感じの人たちですね。ふわふわ組もエリート性とか強さへの憧れがとても強い。その憧憬に基づく勘違いが奇異な行動をもたらすということだと思います。

ボンボンの集まりという意味では、トランプ親父も不動産屋のドラ息子なわけで、あの人もやっぱりそういう弱虫だと思います。弱虫たちの舞い上がり。それがいまの時代を攪乱《かくらん》している。

佐高　トランプを見ていると、身内しか信頼できないみたいな感じがある。長女のイヴァンカ［一九八一―。米大統領補佐官。学生時代からモデルとして活動。ペンシルベニア大学卒。経済学の学士号を持つ。父親の会社の副社長も務めた］を側に置いて頼みにする。人間の本当の強さと弱さを見据えなければいけない。

それとファシズムにあっては、教育勅語がそうであるように、道徳が統制のための道具になるんですよね。鶴《つる》彬《あきら》［一九〇九―一九三八。プロレタリア文学の影響を受け、反戦川柳を数多く残す。その作品の内容から一九三七年に治安維持法違反で逮捕され、留置中に病死］という川柳作家がいて、二九歳で獄死したんですが、「修身にない孝行で淫売婦」という川柳を作っている。つまり親孝行というかたちで娘が身売りをやらざるを得なかった。親孝行という立て前の道徳を押し詰めれば、身売りしなきゃいけなくなるわけです。娘は身売りすることによって孝行するわけでしょう。それは教育勅語の裏に張りついた、裏の道徳です。中国の作家の魯迅《ろじん》も、儒教が身売りに張りついているのだとひっくり返して見せた。

教育勅語にしても、「相和し」だから道徳的でいいじゃないかなんて言わせていてはだめです。娘身売りを招くわけだし、道徳が統制のための手段になっていくということを強調しておかないと、アホノミクスをいつまでものさばらせることになる。道徳、儒教、教育勅語の類いは、そこまで深く考えないと、やられちゃうんじゃないかなという気がする。

人のために泣けるかどうか

浜　道徳的で家族第一主義であるべし、というのは、トランプ流に言えば「ファミリー・バリューズ」(family values) を大切にすべしという言い方に通じていきそうです。まさにそうした言い方に「やられちゃう」ことに対する危機感が、いまこそ絶対に必要だとつくづく思います。

第一章で私が申し上げた「反グローバル」という言葉の落とし穴に陥ってはいけないという話と、道徳や教育勅語的な考えに「やられちゃう」ことを警戒すべしというご指摘には、大いに共通するところがあると思います。真面目にまともにものを考える人であればあるほど、規範は必要だとかグローバリズムの暴力性に立ち向かわなければいけないとか思ってしまったりする。ここから、よこしまな支配者にとって都合のいい流れに乗っていきやすい面が出てきてしまう。その落とし穴をいかに回避するか。その道にいかにして引きずり込まれないようにするか。そこに、いまいちばん気をつけなければいけないのだと思います。

「道徳はいけないと言うんですか?」とか「倫理は大事でしょう!」と問い詰められた時に、ふと怯《ひる》んでしまわない。ここがものすごく重要なところだと思いますね。

絶対に落とし穴に陥らないための勘所はどこにあるのか。このことを常に一生懸命考えているんですが、それはやはり人のために泣けるかどうかにある。この観点から考えた時、どこに向かって進むべきなのか、どこに踏み込んではいけないのか、そこがチェックポイントかなと思います。「修身にない孝行で淫売婦」と詠める感性は、人のために泣ける人の感性ですよね。

前章で、佐高さんが愛国心をどう位置づけるかという時に、「上から外から」という観点を提示されていました。そういう森友型や安倍型の愛国心を突き詰めていくと、それは結局のところ「愛僕心」なんですよね。自分さえ良ければ、我が国さえ良ければ、我が国さえ世界の真ん中で輝くことができれば、という発想。そういう考えでいると、戦争になった時に、自分たち以外はすべて「敵」という概念で一括りにされてしまう。敵として色分けしてしまった相手と戦争になった時に、相手の側にも同じ人間がいるのだと思えるかどうかです。そう思える人は、決して戦争を望まないのだと思います。

対して、日本会議的なるもの、安倍的なるもの、トランプ的なるものは、他者の中に人間を見ることができない。絶対に人のために涙することができない。

人の痛みに思いを馳せて涙するというのは大人の感性で、幼児的凶暴性の中には、この感性が入りこむ余地がない。幼児的凶暴性人間たちが誰かの足を踏んづけた時、踏まれたほうが「痛い」と言うと、彼らはきっと「お前の足がそこにあるのが悪い」と言うでしょう。相手の側に立って考えることができるかできないか、それが平和を維持するうえで決定的に重要だと思います。

彼らは「我ら」と「奴ら」を分けることでしか、「我ら」を保てない。その危険の本質を我々は見定めておかなければいけない。

もとより、人はみな倫理的でなければいけない。ですが、折々の状況の中で倫理を振りかざしているのは誰なのか、彼らはどんな人々なのか、我々はそれをきちんと見定めておかなければいけないのだと思います。悪い奴らは、所詮、何を言っていても悪い奴らです。だからこそ、アホノミクスも、第一章で申し上げたとおり、ひたすら森を見て、木に翻弄されてはいけない。

ところが、良心的な人であればあるほど、とかく、悪い奴らについても、彼らの言っていることの中にもまともな部分があるのではないかというので、耳を傾けてあげたりしてしまう。美しい性格の人々はこれが怖い。邪悪なる者たちに対しては常に拳を握りしめ、どうやっつけてやるかを考えることに集中するべきです。

構えという言葉を佐高さんは使われました。そのとおりですね。知的構えのしっかり度が問われる時代だと思います。

日銀法無視の安倍発言

佐高　敵を見極めるということが、これほど重要な時代はありません。類は友を呼ぶというのも大事な認識で、逆に言えば、時代に抗おうとする仲間同士の繋がり合いを豊かに育てていく必要もある。

浜　そう、我々の陣営についても言えますね。

佐高　浜さんのラジカルさに太刀打ちするのは大変ですが（笑）。

アホノミクスに関わって、国家が民衆をどう騙すのかという一例なんですが、戦時中の日本の国家予算について、貧しくなって食い詰めたから満州に行くのだというふうに言われてきましたが、あれは違う。軍事予算が膨らんで、民衆は貧乏になったんです。そこの押さえ方がちゃんとできていない。軍事予算が国家予算の半分を超えたんですから、国内の民生的なものには回らないんです。そこで満州進出という挙に出る。

誰が人々を貧乏にしたのか。それは軍部であり、軍事予算の肥大です。この歴史を再検証しないと、日銀が国債を引き受けて、それを軍事予算に回していくという構造が批判できない。

浜　まったくそうですね。緊急事態だから日銀の国債引き受けが止むなしになるのじゃな

日経新聞に掲載された安倍首相の「法律違反」発言

「政府と日銀は親会社と子会社みたいなもの。連結決算で考えてもいいんじゃないか」。昨年秋、首相は与党議員にこんなアイデアも語った。実はシムズ氏も来日時の講演で「中央銀行が政府と連携すると独立性が失われると恐れる必要はなく、もっと大胆になるべきだ」と強調していた。

もし政府の負債と日銀の保有国債を相殺すれば、負債は1千兆円程度から500兆円程度に半減するとの試算もある。相殺分は事実上の通貨発行となりインフレを生む要因になる。国債は政府の負債で国民の資産。インフレで負債を軽くすれば資産価値も吹っ飛ぶ。

（日経新聞2017年3月7日付朝刊「描けぬ出口（2）　シムズ理論の甘い誘惑、消える？『20年度黒字』看板」より抜粋）

い。政府が無制限にカネを使いたいからその方向に我々を誘導しようとしている。「金融政策にばかり負担がかかるから、財政出動もできるようにしましょう」じゃない。実態は「財政出動という名の財政の私物化をやりたいから、金融政策にお国のための打ち出の小槌役をやらせよう」です。

「日経新聞」によれば、安倍首相は「政府と日銀の関係は親会社と子会社の関係みたいなものだから、連結決算でいい」という見解を示したという。これも、真意はそうじゃない。要は政府と日銀の間に連結決算関係を確立したい、日銀を何とか政府の子会社にしてしまいたいわけです。

日銀には、金融政策の自主性、独立性が、日銀法で定められている。一九九七年

マリーヌ・ル・ペン議員

の日銀法改正はこの点を確立することに眼目があったわけです。そして、財政法の第五条には日銀が政府から国債を直接引き受けてはいけないと明記されている。つまり、政府と日銀のどんぶり勘定はダメよ、連結はご法度よと法定しているわけです。政府が中央銀行を子会社化するということは、経済的ファシズム体制を確立することにほかなりません。

ちなみに、フランスの大統領選に打って出た排外主義者のマリーヌ・ル・ペン〔一九六八－。欧州議会議員。弁護士。国民戦線初代党首のジャン＝マリー・ル・ペンの三女。二〇一二年、二〇一七年の仏大統領選に出馬し、敗れる〕も、財政と金融は一体運営にするべきだと言っています。国家主義を標榜する人たちはみな、中央銀行から独立性を剥奪するという発想に向かう。そして、それが必要であり必然なのだと大衆に思い込ませようとする。

ジャーナリズムは、ビビるな！

佐高　安倍首相は、突然拒否反応を起こす。そんなことまで言わなくてもいいのに、籠池氏と関係があったら総理大臣を辞める、国会議員も辞める、そう言わずにはいられない。それ

緊急ワイド
史上最低の「無責任な官邸」全真相
1
本誌が追い詰めた「安倍晋三首相『相続税3億円脱税』疑惑
このスクープで総理は職を投げ出した！
最大の「政治とカネ」スキャンダルは総理の政治団体に
亡き父・晋太郎の「遺産」6億円と"出資者不明"の巨額献金
発売前から永田町は騒然
ジャーナリスト 高瀬真実と本誌取材班
27

『週刊現代』2007年９月29日号

で思い出すのが、二〇〇七年、安倍首相が前回、総理大臣を辞めた時のことです。お腹が痛くて辞めたんじゃないと言っていましたね。その時の『週刊現代』なんですが、「本誌が追い詰めた安倍晋三首相『相続税3億円脱税』疑惑　このスクープで総理は職を投げ出した！」とある。これだろうと思うんです。

安倍首相は「週刊誌を根拠に質問するんですか」とよく言う。いまのように新聞がもう一つ頼りない時代に、週刊誌は重要な存在価値がある。だからこそ安倍首相は週刊誌をことさらに蔑視してみせる。私はそれをここで蒸し返そうと思います。

二〇一四年に社民党の吉田《よしだ》忠智《ただとも》さんが、国会でこの記事を元に質問した。安倍首相は激怒したんです。私なんかはそれだけ怒るということは、図星なんだろうと思います。ただ、吉田さんに事前にレクチャーしておけばよかった。怯むな、と。吉田さんは怯んじゃった。福島瑞穂《ふくしまみずほ》だったら怯まなかったと思うんですが。

浜　辻元清美《つじもときよみ》ならもっと怯まなかったかもしれない。

佐高　その時、安倍首相は週刊誌を見下すようなことを言ったんです。当時、毎日新聞の夕刊まで「今週末発売の一部週刊誌が安倍首相に関連するスキャンダルを報じる予定だったとの情報もある」と書いた。つまり、三億円脱税したかどうかは大問題だったわけです。吉田さんは構えが足りなかった。もっと追及しなければいけなかった。「なんで週刊誌で悪いんだ」と。

浜　そのとおりですね。週刊誌を下賤なものと見下す態度はいかにも安倍首相という感じがします。もっとも、そのように嫌われること、嫌がられることこそ週刊誌の誇りでしょう。週刊誌のゲリラ性が、いま非常に大切です。

佐高　彼らは訴訟覚悟でやってますからね。浜さん、訴訟はまだないですか？

浜　いまのところは。

佐高　私は一つや二つじゃない古傷があります。恐れずに踏み込むべきなんですよ。私は岸《きし》井《い》成格《しげただ》［一九四四―。政治記者。毎日新聞特別編集委員。元同社主筆。父親は衆院議員を務めた岸井寿郎］のようにお上品に育っていないから、彼が不安そうに

「また内容証明が来た」と言ってくると、「内容証明便というのは訴えないということなんだ」と返すんです。「私は内容証明なんかしょっちゅうもらってる」と言ったんですけどね。

浜　内容証明便は私ももらったことがありますが、ご指摘のとおり、何にせよ、怯まないことが重要ですね。とかく、人間は怯むと隠したくなる。なかったことにしたくなる。自分だけで抱え込んで忘れようとする。これがいけませんね。騒がなくっちゃ。安倍首相が「週刊誌ごとき」とか言ったら、まずそこで「その言い方は何事か。ジャーナリズムに対して謝罪せよ」と言って怒るべきです。

折りに触れて感じ、かつ申し上げることですが、どうもいまは野党に野党精神が不足していますね。何のために野党がいるのか。やっつけるためですよね。その位置づけに関する認識が足りないように見える。本来、野党という立場はものすごく楽しい立場のはずです。何しろ、徹底的にやっつけるのが仕事ですものね。ストレスもたまらないはずです。何が何でもやり込めてしまえばいいのですから、楽しくて仕方がないはずです。なのに、なぜか沈鬱な表情になっていたりする。どうも不可思議です。

会議は好きでも議会は嫌い

佐高　浜さんの口から「やり込める」と聞くと、もしかして私もやり込められるんじゃないかと、ドキドキしてしまいますが。

浜　いえいえ、もちろん敵に対してです。佐高さんを泣かせるのは大変……そうでもないかな、やってみる？（笑）

冗談はともかく、野党というのは審査員であり、吟味をする立場です。だから国会においては、間違いなく強い立場で、とてもやりがいのある楽しい仕事のはずです。

自分が言っていることの真っ当さを証明しなければいけないのは与党のほうであって、それをひたすら攻めることが許されるのが野党だということを忘れないでほしい。政権の審査員である野党議員に対して逆襲するとは何事だと、やはり安倍首相にはもっと強く言うべきです。「あなたは議会制民主主義のルールがわかっていない」と言うべきです。

いま議会制民主主義という言葉を使って思い出したんですけど、チームアホノミクスは会議は好きだけど、議会が嫌い、そういう性癖がすごくありますね。

自分たちのお友達だけで集まってやる「働き方改革実現会議」とか「一億総活躍国民会議」とか「規制改革推進会議」とかをつくって、そこですべてを決めていく。ところが、議会制民主主義の下でもっとも神聖な場であるはずの国会は軽視する。その場は適当に開き直ったり癇癪を起こしたりしながらしのいでしまって、自分たちだけの会議でものを決めてしまう。

審議会という昔からある場についても軽視していますよね。各政府官庁の審議会というのは、幅広くご意見を承りましたというアリバイ作りの会合ではありますけど、それでも様々な立場の人が実際に集まって意見を言うことはできる。かつては私なんかも「反対ばかりするうるさい人のご意見も承った」という形を取るために、審議会なるものの顔ぶれに入れるには恰好の人材と思われていた節があります。そういう従来からある審議会も無視して、自分たちだけの会議でものを決めていく。

佐高　浜さんに審議会的なものから声がかかったというのは、安倍政権以前？

浜　そうです。安倍政権になってからは一切声がかからなくなりました。アリバイ作りさえもしないことになって、審議会自体も、どうも開店休業状態なのではないかと推察します。チームアホノミクスの会議で決まったことがそのまま政策になってしまう。

労働政策審議会なんかは、働き方改革実現会議が決めたことをそのまま通すだけの存在に追いやられてしまっているように見えます。類友集団は、会議好きの議会嫌い。

佐高　安倍が議会で自らを追及する者に浴びせる下劣なヤジを聞いていると、彼らが仲間うちの会議で、どれほど軽薄な言葉を使っているか、想像がつきます。

脇雅《わきまさ》史《し》［一九四五―。東京大学卒業後、当時の建設省へ。参院議員を三期務めたが、一票の格差是正問題で自民党案に反発して会派を離脱。二〇一六年、引退］という自民党の参議院議員がいました。私と同い年なんだけれども、彼は元建設官僚で、自分は大臣になりたくないという変わった人だったから、対談したことがあるんです。その時、なるほどなと思ったのは、彼が「自分たちは言論の府の一員だから言葉は大事にしなければいけない」と言っていたことです。そして、発言の取り消しを要求するのはおかしいと。一度言ったこと、話したことを取り消すということは、言葉を軽くする。取り消せと言うほうもおかしいが、取り消すと認めるほうもおかしい。議会において本来、取り消しとか訂正とか許されないでしょう。

しかし脇さんみたいに考える人は自民党を去らなければいけなくなります。やはりその後、辞めてしまった。ここにもいまの自民党の低劣さが表れている。

第四章　騙されないための知的態度とは

愛国より郷土愛

佐高　森友学園問題について、私はあれは愛国汚職だと言っているんです。愛国を掲げて汚職をする。国というものを奴らは専売特許のように扱っているけれども、国というものの実態である郷土も民衆も、そう簡単に奴らのものにさせてはなりません。私はいま「郷土も民衆も」と言いましたが、国とは何か、国民とは何か、それをきちんと考え直さないといけません。

　第二章でも少し話しましたが、愛郷を潰すかたちで愛国が出てくる。それは沖縄で行われている基地建設強行もそうですし、今村雅弘《いまむらまさひろ》前復興相の「東北でよかった」という発言にも典型的に表れていた。被災したのが東北でよかったというのは中央権力の側から見た発言でしょう。郷土愛をすっ飛ばして愛国が徘徊している。そこで潰されるものは何かということです。愛国汚職、愛国利権と、いま話したような郷土愛への弾圧は、コインの裏表だと思うんです。

浜　愛という言葉をどういう含意で使うかは後ほど考えるとして、愛国という時の「国」は、国家の国なのか国民の国なのか。その峻別が重要です。多くの場合、愛国を振りかざしている人たちが志向しているのは国粋です。愛国と国粋をごっちゃにしてはいけない。あるいは国粋であることがすなわち愛国であると思い込まされることは危険です。

マリーヌ・ル・ペンが、いまやあるのはグローバルと愛国の対決のみだと言いました。フランスの大統領選で彼女に勝ったマクロンは、よくわからないことをたくさん言っていますが、唯一立派だったのは、いまあるのは愛国と国粋の対立だ、と明言したことです。愛国者たるには国粋にならなければいけないという風潮に惑わされてはならない。その思いを込めて言ったのでしょう。そこは彼本人が思っている以上に重要な指摘だったと私は思っています。愛国という言葉は、国粋と国家主義を正当化しようとする人々が便利遣いする言葉だと思います。森友が言う愛国も結局は国粋なんでしょう。国家権力礼賛主義です。

今村雅弘・前復興相

佐高さんは愛国利権というすばらしい言葉を使われました。本来ならば同胞を愛する、同胞を大切にするということと、利権というものが結びつくはずはない。まず国家権力というものがある。それにまとわりついて収益を上げようとする人々がいる。かくして、そこに愛国利権が生まれる。利権が発生する余地が生まれた時点で、同胞を愛するというような意味合いでの愛国は消え失せる。そして国粋の世界に踏み込んでしまうのだと思います。

そこにはいわゆる「世のため人のため」という感性や認識はなく、人権を重んじる態度も見られなくなる。愛国と国粋を二重写しにしようとする魂胆の先には、そういった真っ当さとは縁のない世界が広がっている。

国粋主義者はよく、「この売国奴！」とか「日本を分断させるな」という言い方をしますね。国粋は不一致を許さない。内部に対立が生じれば、それは必ず外敵のせいだということになる。「この売国奴！」の次に出てくるのが、「おまえは中国の手先か」あるいは「イスラム過激派の手先か」というような言い方ですね。国粋は排外と切っても切れない関係にある。そこにあるのは憎しみばかり。愛という言葉とはあまりにも無縁の精神性です。ところが、この憎悪の精神性を包み隠す隠れ蓑《みの》として、意味曖昧《あいまい》なりし愛国という表現が使われる。偽りの愛をもって悪しき企みの世界に人々をおびき寄せようとする。それが国粋の怖いところです。

自己愛と権力愛のミックス

佐高　愛について深く考える必要がありますね。似合わないと笑われそうですが。亀井勝一《かめいかついち》郎《ろう》［一九〇七―一九六六。文芸評論家。『大和古寺風物誌』『日本人の精神史研究』などを執筆。読売文学賞、菊池寛賞などを受賞］という、マルクスボーイから日本浪漫派に転向した文学者がいます。彼が『現代史の課題』という本を書いている。そこで亀井は、日本の歴史を学んで、日本を愛する心と同時に日本を憎む心が湧いてきてもいいのだ、と言っている。亀井勝一郎でさえこう言っている。私がそれを持ち出すと奴らは困るんです。日本浪漫派の巨匠が書いているわけですから。愛とは難しい概念ですが、彼らの言う愛は偏愛でしょう。本当は博愛が愛の基本であるべきではないでしょうか。しかし奴らは博愛じゃなくて偏愛なんです。偏《かたよ》った、狭まったものです。

森友学園問題で面白かったのは、あそこに講演に行ったのが、曽野綾子《そのあやこ》であり櫻井《さくらい》よしこであり渡部昇一《わたなべしょういち》であり青山繁晴《あおやましげはる》であること。『週刊金曜日』でこの人たちに手紙を出して、いまそのことをどう思っているかを訊いたらいいと言ったんだけど、その企画はまだやっていないようです。彼らが言う愛とは森友学園的な愛であり、それはヘイトスピーチ的な憎悪に裏打ちされたものです。中国や韓国は反省しろと、幼稚園児に言わせていたんでしょう。およそ愛を語る者のやることじゃないですよ。

浜　愛ではなくて嫌《けん》ですよね。彼らの発想の軸にあるのは、嫌う、忌避する、嫌悪することです。彼らに愛があるとすれば、それは権力愛ですかね。威張りたい、牛耳りたい、抑え込みたい。それができる立場に憧れる。そういえば、憧憬は偏愛に通じるところがありますね。リーダーシップという言葉が私は嫌いですけど、それに憧れる人々は、国粋陣営に圧倒的に多いでしょう。自己愛と権力愛が合体すると安倍晋三になったり、ドナルド・トランプになったりする。

究極の自己愛と究極の権力愛が一体化したところに、国粋主義、国家主義、ファシズムというものが強烈に出てくる。

佐高　憧憬や偏愛ではなく、自由で対等な関係をつくることが大事ですよね。浜さんもそうだと思うけど、安倍晋三よりも中国の誰かとか、あるいはイギリスの誰かとか、メキシコの誰かとか、そういう他国の個人のほうが自分にとって近いということがあり得るわけですよね。

浜　あり得るというか、安倍首相と対比したら、それしかないです。

佐高　たしかにそうですね。でも、奴らはそうは考えない。国家というもので感性を区切れて、安倍首相のほうだけを愛するでしょう。他国の某と接して是とすることはおかしい、と言うでしょう。それはつまり一人一人が人間として立っていないということです。国の後ろ盾がないと立てない人たちなんです。

浜　一様に臆病なんだと思います。一人になっても言うべきことは言わなきゃいけないという感性を持っている人ではなくて、寄らば大樹の陰で、その大樹をものすごく必要とする人々が、権力に引き寄せられ、愛国なるものをかざして国粋を形成する。

キリスト教的愛は「人のため」

佐高　自分が頼っている国家や政府の表向きのトップである人間を批判するということは、自分が寄りかかっているもの、ひいては自分を批判されるということになるんですかね。

浜　そうなんでしょうね。第三章で「愛僕心」ということを話しましたが、愛僕心は何が何でも僕ちゃんだけは生き残らなければ、という発想ですよね。聖書のなかには、最大の愛は人のために命を落とすことだとあります。そこに愛というものの定義があるわけですが、それと対極的なところに愛僕心がある。

佐高　前回の本で、私はキリスト教への無知を露呈して浜さんにたしなめられましたが、キリスト教的な愛の価値がいまの社会で持ち得る有効性を、浜さんはどのように捉えていますか。

浜　自分にとって大切なことを二の次にするという感性、構え、姿勢。そこではないでしょうか。

この点との関わりで考えさせられるのが、ボランティア活動というものの性格です。下手をすると、ボランティア活動は余暇におこなう活動だと思われていたりする。暇になったからボランティア活動でもやろうというような、ホビーの一つのように見なされているところがありますが、それは本当のボランティア活動ではないですね。自分にとってかけがえのない、どうしようもなく大切な時間を、人のために割く。自分がこうしたらいいと思うことではなくて、相手がやってほしいと望んでいること、やってほしいと言われたことを尊重して、その通りにやる。ボランティア活動は自分のための趣味的活動ではない。ボランティア活動は人のためにやるものです。

実際には、人のためにやっていることの結果として自分も何か発見があったり反省をしたり、新たな能力が備わったりするということが多々あります。その意味では、結果的に自分にも大いに恩恵が返ってくると思います。ですが、本来のモチベーションはそこじゃない。あくまでも人のため。そこを常に意識するのがキリスト教的愛だと言えるかもしれないですね。

そのような特性を持つキリスト教的愛には、発想の狭隘《きょうあい》さから人を解放してくれるという効用が多分にあると思います。愛僕心は絶対に自分のためじゃないですか。これをやったら自分にどれだけいいことがあるだろうという計算ばかりがつきまとうので、魂が小さくなって防御的になってしまう。ケチ臭い。

愛僕心に振り回されている人たちは、見ているとつらいですよね。森友の籠池は伸び伸びしている感じもあるけど、でもやはり怖がっていますよね。トカゲの尻尾として切られることを恐れて、だからああやって出てきている。曽野綾子も櫻井よしこも、怖いことがたくさんあると思うんです。

つまり、キリスト教的愛の精神には、人を楽にしてくれる効用がある。「よくわからないけど、ま、やってみるか」「とりあえず踏み出してみよう」というゆとりある積極性ですね。狭くて暗くて怖いところに我々を押し込もうとする圧力から、我々を解放してくれるのがキリスト教的愛ではないか。

いまの世の中は怖い。年金の問題とか将来のこととか、生活自体が不安だし、世の中全体が本当にひどい状況になっている。しかしキリスト教的愛には行き詰まった時に、何とかなるんじゃないかという心持ちでやっていけるようにしてくれるところがあると思います。すぐ思い詰めるのが愛僕人間。失うものが多すぎるから。

絶望において希望を見る

佐高　葛藤しながらも生きる力を与えてくれる愛、ということなんでしょうね。国粋と愛国。国粋というものを打ち破るために、キリスト教的な愛が手がかりになることもあるかもしれない。でも日本の場合、キリスト教的な愛はあまり共有されていませんよね。

浜　浄土真宗の他力本願は、キリスト教的愛と似ているところがあると思います。自分のことは神様あるいは仏様任せにしておいて、とりあえず他者のために頑張る。この辺が両者の共通点だと言えるでしょう。

つまり、信仰の別を問わず、基本的に人間には愛僕ではない愛の可能性が付与されているのじゃないでしょうか。そこが前面に出てくれば、グローバル時代は国粋の方向に引っ張られていくことは免れると思います。

佐高　なるほど、「他力」は「もらい泣きの経済学」にも通ずるわけですね。

浜　ヘイトスピーチとはよく言ったもので、国粋側の人たちはいつも憎しみと怒りでいっぱいという感じがします。それも姑息な怒りです。佐高さんとの前の対談本の中で、大人の怒りの必要性について考えましたよね。国粋主義者たちの怒りは幼児の怒り。自分と違うもの、自分にとって違和感があるものを恐れ、疑い、拒絶する。そこにあるのは、恐怖を押しのけようとする怒りです。怖がり屋さんたちが国粋の枠組みの中に逃げ込んでいく。

安倍政権の支持率がなかなか下がってこなかったのも、強さを振りかざす彼らの物の言い方が、怒れる怖がり屋さんたちを引き寄せたからだという面があるでしょう。

佐高　ル・ペンに象徴されるようなファシズムへの回帰は世界中で繰り返し起こってくる。それとの闘いの中でキリスト教も鍛えられてきたということなんでしょうか。

浜　キリスト教には、内在的・本来的にファシズムと闘う力が備わっていると思います。その力が愛の力。それはそれとして、強権的なものと本気で対峙してみると、人間には必ず本当のことが見えてきて、何をすべきかがわかるようになる。そういうことなのではないかと、いまとても強く感じています。そこには大いなる希望がありますね。いまの日本の状況がそれで、いま、まさに日本の市民たちはご指摘のような闘いの中で鍛えられつつあるのだと思います。もともと良識水準の高い市民たちですから、問題に当面すれば、すぐに目覚める。そのことが、この間しっかり証明されてきたと思います。

現に、全国津々浦々で憲法九条の会などの市民運動が盛り上がり続けている。反戦平和。脱貧困。脱差別。重要なテーマで開かれる各種の集会に集まる人々の数の多いこと！　路上各所でスタンディングなどの抗議活動を日々継続されている方々が実にたくさんおいでになる。日本にこういう人々はもういないのじゃないかと思われたのに、闘う市民、目覚めた市民の姿がそこにある。

アホノミクスの大将が焦って騒ぎ立ててくれているおかげで、市民社会の民主主義的本性が覚醒された。それがいまの状況だと思います。彼が寝た子を起こす役割を果たしてくれたわけですね。これぞ瓢簞《ひょうたん》から駒。一見、絶望的に嫌な感じに見える状況が、希望の灯の点火をもたらす。ここが面白いところで、実は、いまはそんなに悲観に浸るべき時でもないのだと思います。

佐高　絶望の中で絶望だけを見ていても仕方がない。絶望においてはじめて希望が見えるものだと私も考えています。

他人に答えを求めるのは知的怠惰

浜　そうですね。同じ現実を見ていても、人間には、どうしても自分の疑心暗鬼をそこに投影しようとするところがある。私も、ほぼ同じ頻度で出演させていただいているテレビ番組について、「最近あまりお出になりませんけど、圧力がかかっているのでしょうか」とご心配いただいたりすることがあります。そのように懸念してくださることはすごくありがたいですが、こういうケースも、そこには、「そうじゃないか?」と思って見ていると、「やっぱりそうだ」という感じに見えてしまうという問題がありますよね。絶望の種ばかりさがしていると、希望の芽さえも絶望色に見えてしまう。

絶望の中に希望を見出すためには、何と言っても状況を正確に把握することが必要ですよね。そこをバイパスして、「具体的にいまどうすればいいのか、何をすればいいのか」という問いかけへの即答を要求するのはちょっとまずい。解答を求める前にまず自分で分析して考える必要がある。

どうすればいいか誰かに教えてほしい。誰かから「どうすればいいのマニュアル」をプレゼントしてほしい。こういうふうに思うのは、少々失礼な言い方になってしまいますが、基本的に知的怠惰だと思います。知的怠惰は危険です。頭をお休み状態にしておくと、そこに国粋の妖怪たちが喜んで分け入ってきます。彼らは「どうすればいいのマニュアル」が大好きです。たとえば、教育勅語。あれこそ国粋的行動マニュアルそのものでしょう。国粋主義者たちは、マニュアルの暗記が大好きです。

絶望の中から希望をつかみ取ることのできる人々は、お仕着せマニュアルには従わない。そして、お仕着せマニュアルに丸め込まれないためにこそ、状況の正確な把握が肝心です。予見ではなく、正確に、実際には誰が何と言ったのかを突き止める。誰が何と言っていようと、実態はこうなのだという状況をきちんと調べ出す。それが本当にどうすればいいのかを見極めるための出発点にして勘所なのだと思います。

そういう癖がつくと、アホノミクスの大将などが意表をつくようなことを言ってきても慌てないで済む。強い防御力を発揮することができる。そして突破力も生まれてきます。

たとえば、彼らが、「被災地は笑いに溢れている」などという言い方をして、「我らの計画どおりについてきていただければ状況は良くなります」とアピールする。そのような手口に対しては、本当かよ、と追及することが必要です。「どうすればいいんですか」と具体的な行動について出来合いの解答を求める前に、事実関係を確認しようとする構えが必要だと思います。我々一般市民にとって事実関係の確認はそう簡単なことではありません。ですが、それをしないといけないという思いがあれば、新聞記事やテレビ報道などの中からもいろんなことが見えてくるはずです。自分の頭の中が空っぽ状態で、そこにポンと正解を放り込んでもらいたいと考えていると、教育勅語暗記型陣営と精神性が同じになってしまう。

佐高　私は物書きとしてのスタートが「夕刊フジ」なんです。当時、株のことを書いていた安田二郎《やすだじろう》さんが、具体的に株の銘柄を出して予想していた。外れるとクレームがすごいんだそうです。「夕刊フジ」は当時一部一〇〇円でした。安田さんは「一〇〇円で儲けようと思うのか」と返していた。

これは半分笑い話ですが、正解を安く与えてもらおうとする心性が、いまや操縦されることを喜んで受け入れる段階に入ってしまったという感もある。

浜　そうかもしれませんね。

騙されることの罪

佐高　私も、長谷川慶太郎《はせがわけいたろう》［一九二七—。経済評論家。産業新聞を経て独立。『世界が日本を見倣う日』で石橋湛山賞を受賞］と比べられて、「お前は問いばかりだ。長谷川慶太郎は答えを出している」なんて言われました。長谷川慶太郎は間違ってばかりじゃないかと思うんですけど、とにかく答えを出してくれると人は安心する。ではその答えの検証はやっているのかというと、ほとんどやっていない。でたらめでもいいから答えを求めてしまう。答えがほしい症候群は、そこで既に支配する側にやられてしまっているんです。酷な言い方かもしれないけれども、映画監督の伊丹万作《いたみまんさく》［一九〇〇―一九四六。監督のほか、脚本家として『無法松の一生』などを手掛ける。俳優・映画監督の故・伊丹十三は長男］が言ったように、騙されることが悪なのだとも言えます。

戦争直後に「戦争責任者の問題」という文章で、伊丹万作はそう書いた。みんな、騙されたと言う。「軍に騙された」「政府に騙された」と。そうすると、たった一人の人間が多くの人間を騙したということになるが、そんなことがあり得るものか。騙された人間が次の一人を騙す。その構造の中で全部が騙されたということだろうと伊丹は言った。

伊丹万作氏

「騙された」という問題はもう一つ、自分を被害者にすることができるんですね。自分は良い奴だけれども悪い奴に騙されたという話になって、責任が解除される。でも騙されるということ自体が悪なのだ、騙されるほどに知性が衰弱していたのだ、と。これを読んだとき、私は強烈なショックを受けました。この精神がないと、アホノミクスという幽霊の正体を引っ張り出せない。どこかでみんな、アホノミクスに騙されたがっているのではないか。

浜　おっしゃるとおりだと思います。それは肝に銘じないといけません。でも、やはり私は騙す奴のほうが悪いと思います。騙す奴を見極める中で、騙された者の内面が変わっていくのではないでしょうか。

佐高　もちろん、そうです。

浜　ただ、騙される奴が悪いという指摘は重要で、その知的怠惰から我々は自らを解放しなければいけない。しかし、仲間割れになってはいけない。騙されなかった者が騙された者に対して「お前らは騙されたからいけないのだ」という優越感を持つようになってしまうことは回避しなければいけない。「国民のレベルが低いから、ひどい政治指導者が出てくる」という言い方がよくされますが、私はそれも言ってはいけないことじゃないかと思っています。人間には誰にでも、騙されたいとか、そこに安らぎを求めてしまうとか、あらゆる人間的弱点があるわけで、権力者がそこにつけ込んでくることが本質的に許せない。

佐高　伊丹万作も、騙される「奴」というより、騙される「こと」に批判の照準を絞っています。

浜　ああ！　そこはちゃんと弁《わきま》えていたんですね。

「柔軟で多様な働き方」の罠

佐高　そうだと思います。それで思い出すのが、暴力団対策法です。福岡県で全国初の暴力団排除条例も二〇一〇年に施行されました。暴対法はおかしいだろうと記者会見をしたことがあるんです。西部《にしべ》邁《すすむ》や宮崎《みやざき》学《まなぶ》、田原《たはら》総一朗《そういちろう》と並んででした。その時にかつて法律を学んだ者として私が言ったのは、法律は行為を罰するものだ、やくざであるという存在を罰するのはおかしいということです。

ところが暴対法は限りなく存在と身分を罰している。それは法律というものの本来的な意図に反する。良い奴は良いことをする、悪い奴は悪いことをする。そんな考え方をすると、浜さんがおっしゃったような危険に陥りますよね。やくざが良いことをすることだってあるわけでしょう。

浜　点数稼ぎ的に良いことをすることもあるけれど、本当に本気で良いことをやることもある。人を選別するというのは、狭い権力主義の特徴ですね。逆に、どんな悪い奴であっても、自分に対してイエスと言ってくれさえすればいいという、トランプ式の発想もありますよね。悪い奴であることは明らかだが、でも僕の言うことは聞いてくれるよ、と。日本会議に集結するような人たちはみなそういう発想で寄り集まっているのでしょう。森友や加計問題で見えた人間関係もそうでしょう。彼らは本質的には迷える人々なんですが、人に命令することに躊躇《ためらい》がない。権力的に指図する人が発信してくることに対しては、助かる、ありがたいという捉え方をしてしまう傾向があるんだろうと思います。

シンプルに答えが出てくることを求める性癖からいかに自分を守るか。簡単マニュアル的なものに騙されなくなるためには、やはり孤立していてはいけないと思うんです。孤立させられ、分断されると、不安も高まるし、頭も働きにくくなってくるし、せっぱつまってくる。だから、答えを出してくれるものにすっと引き寄せられてしまう。「よくわからないけど怖いね」「なんか変だよね」と語り合う仲間ができただけで、性急に結論を求めることがなくなる。一人だけで思い詰めると、いますぐ答えが出ないと世の終わりだという感じになるけれど、「そんな感じだよね」という思いを分かち合い支え合える人がいれば、「様子を見ながら考えてみようか」という構えもできてくるじゃないですか。

佐高　語り合う、支え合うということが連帯ということの原点ですよね。

浜　働き方改革実現会議なるものが三月に「働き方改革実行計画」を出してきましたね。あそこで、同一労働同一賃金と長時間労働の話がやたらクローズアップされていますが、彼らが最もあけすけにプロモーションしているのが、「多様で柔軟な働き方」というやつです。

彼らが言っている「多様で柔軟な働き方」をみながやると、明らかにみな孤立します。テレワーク、フリーランス、高度専門職制度に基づく成果主義、こうした「働き方」の世界に深入りしてしまうと、働く人々はどんどん孤立していくと思う。労働者としての立場を共有し、支え合いながら連帯する。これができない状況に働く人々を追い込んでいく。ここに、あの「働き方改革」の本当の狙いがあるのだと思います。フリーランスで契約を結んでいたら、ともかく毎日の結果を出さなければいけないという状況になってしまうわけでしょう。働くことに追われるばかりで、自分の人権や仲間の人権などを考えたり主張したりするゆとりがなくなる。

その意味で「どうすればいいの？」という問いにあえて答えるとしたら、分断されないこと、孤立しないこと、そのためにどうするかということを常に気をつけておくこと。それは言えると思います。

「生産性向上」のための働き方改革

佐高　ソニーを辞めてグーグルの日本法人の社長になった辻野《つじの》晃一郎《こういちろう》〔一九五七—。実業家。ソニー時代はパソコン「ＶＡＩＯ」等の事業責任者などを務めた。二〇一〇年にグーグルを退社し、ＩＴ企業「アレックス」を創業〕という人と最近親しくしているんです。彼が『「出る杭」は伸ばせ！』という著作を出しました。『週刊文春』での連載をまとめた本です。その巻頭で、ついにこの国は働き方まで指導する国になったのかと嘆いている。この感性は大事だと思うんです。

この間、辻野さんと東芝の問題について議論しました。東芝がなぜこのようになったか。国策の原発に頼り過ぎたことや、アメリカへの盲従など問題はあるんですが、会社自体の体質も大きい。

電機業界は禊《みそぎ》研修をやっているところが多いんです。「修養団」という戦前から続いている団体で、伊勢神宮の五十鈴川に褌一つで肩まで水に浸からせる。最近は男女平等で、女性も薄物着させて入らせるといいます。明治天皇が作った歌を詠誦しながら入るらしいんです。私は修養団を取材したことがあります。彼らは、馬鹿になって物事に挑むきっかけを摑ませると言うんです。つまり馬鹿をつくるんだ、と。そこに日立、東芝、松下、三菱電機、宇部興産、住友系企業、そして役所までが職員を派遣している。

いまはソニーが松下化していることが問題になっていますが、ソニーはさすがにやっていない。禊研修を新入社員にやらせることを疑わない会社で、まともな判断をする人間が上にいるはずがない。私から見ると、東芝がおかしくなるのは必然みたいなものです。辻野さんからも、それがすごくよく見えるわけです。

残念ながら日本の主要企業は、会社ファシズムに染まらなければ出世できないんです。修養団は戦前から戦中も続き、戦後も解散させられなかった。つまり日本の会社の中ではいまも戦前から戦後が続いているということです。日本は会社国家だから、ここがファシズムの温床になっている。これは左派の論客たちにも盲点になっていると思います。

浜　大いにピンとくるご指摘です。チームアホノミクスは、要するに国策会社大日本帝国ホールディングスをつくろうとしているのだと思います。最も露骨で徹底した会社ファシズムの中に国民を従業員あるいは「臣下」として封じ込めようとしている。その構想の仕上げとして、働き方改革が出てきていると思います。それともう一つ、財政と金融の一体運営というのが国策会社の経営方針ということでしょう。そこに経団連も安易にくっついていくのは、まさに会社ファシズム体制が既にあるから、それを国家制度的に明示的に復元しようという発案に対して、本音のところでは大歓迎であるからに他ならないのでしょうね。彼らにとって国策会社大日本帝国は、いたって違和感のない存在だということなのですね。

ただ、とはいえ、チームアホノミクスとしてもあまり露骨に本音を丸出しにするわけにはいかない。一見したところでは労働側の要求にも対応し、「みなさんのための働き方改革」に挑んでいるような恰好をしておかなければならない。そこで、働き方改革の中に、長時間労働の是正と同一労働同一賃金を目玉商品的位置づけで取り込んだ。

しかしながら、だからといって、経済効率の追求が社会正義に敗北したような恰好になるのは断じてまずい。実行計画をよく読むと、同一労働同一賃金と長時間労働の是正については、これらのテーマに対応するのは、「生産性の向上に役立つからです」「効率社会ができるようにするためです」ということが実にしつこく書いてある。決して労働者のためじゃない。社会正義のために経済効率を犠牲にするようなことは決してしない。その構えをこれでもかというほど強調しています。彼らとしても、それだけこれらのテーマについては相性の悪さを感じているということでもあるでしょうね。取り込まざるを得ない。だが、その世界に引きずり込まれたくはない。だから、自分たちの経済効率一辺倒の論理を労働者の権利擁護の世界に必死に上塗りしている。そのことによって、経団連の会社ファシズム主義との整合性も担保したい。そんな感じだと思います。

しかし「多様で柔軟な働き方」というテーマのほうについては、「生産性のために」といった言い訳が一切ない。彼らが求めている孤立と分断による最大効率化に直結するから、エクスキューズする必要すらない。そういう構図がはっきりと見えます。

佐高　なるほど。会社ファシズムが大日本帝国会社にどう包摂されていくかがよくわかりました。

大日本帝国ホールディングス

浜　すべての会社経営にはヴィジョンと方針と計画が必要だ。経営理論の世界ではそのように言われますよね。思えば、大日本帝国ホールディングスにも、この三つがしっかり揃って

「働き方改革」に隠された政府の本音

日本の労働制度と働き方には、労働参加、子育てや介護等との両立、転職・再就職、副業・兼業など様々な課題があることに加え、**労働生産性の向上**を阻む諸問題がある。（略）正規と非正規の理由なき格差を埋めていけば、自分の能力を評価されていると納得感が生じる。納得感は労働者が働くモチベーションを誘引するインセンティブとして重要であり、それによって**労働生産性が向上**していく。（略）長時間労働を是正すれば、ワーク・ライフ・バランスが改善し、女性や高齢者も仕事に就きやすくなり、労働参加率の向上に結びつく。経営者は、どのように働いてもらうかに関心を高め、単位時間（マンアワー）当たりの**労働生産性向上**につながる。さらに、（略）転職が不利にならない柔軟な労働市場や企業慣行を確立すれば、労働者が自分に合った働き方を選択して自らキャリアを設計できるようになり、付加価値の高い産業への転職・再就職を通じて**国全体の生産性の向上**にもつながる。

働き方改革こそが、**労働生産性を改善**するための最良の手段である。生産性向上の成果を働く人に分配することで、賃金の上昇、需要の拡大を通じた成長を図る「成長と分配の好循環」が構築される。個人の所得拡大、**企業の生産性と収益力の向上、国の経済成長が同時に達成される。**

（2017年3月28日「働き方改革実行計画」より抜粋）

➡ **「働く人のため」と言いながら、実際は企業や国のための改革であることがわかる。**

います。その経営ヴィジョンは「世界の真ん中で輝く」ことです。その経営方針は、財政と金融の一体運営による統合政府部門の確立。そして、その経営計画の要に位置づけられているのが働き方改革です。ここに来てチームアホノミクスが新たに前面に打ち出そうとしている「人づくり革命」も経営計画の新たな支柱にしていくつもりなのでしょう。「人生100年時代構想会議」なるものもこの九月には発足させるつもりのようです。健康長寿社会を実現するのだという言い方もチームアホノミクスから盛んに飛び出すようになってきました。要は丈夫で長持ちする国民どもを働き方改革で生産性を向上させつつ徹底的にこき使っていこうということでしょう。革命的に人づくりもやって、丈夫で長持ち度をさらに拡充する。かくして、人生100まで大日本帝国会社のために総員奮励努力する。これが大日本帝国会社の経営計画の全貌だということでしょうか。まさに会社ファシズム全開状態ですね。

佐高　会社ファシズムから社会ファシズムへ、国家ファシズムへ。その連関を見抜かなければなりませんね。辻野さんのような人がまだいたんだと私は思ったんです。私は「サンデーモーニング」に出た時に、軍需産業は楽して儲けるスタイルだ、取りっぱぐれがないし、高く吹っかけても返ってくる――そんな話をしたことがあります。しかし昔はそうじゃないと言う人もいたんだ、と。

ソニーの井深大《いぶかまさる》［一九〇八―一九九七。技術者・経営者。盛田昭夫とともに東京通信工業（現ソニー）を創業］は、アメリカはエレクトロニクスが軍需産業に傾いたからスポイルされた、日本はそうではない、ソニーは戦争で儲ける商売にしたくない、と言いました。辻野さんはその精神を受け継いだ人だった。いまの会社ファシズムは、まさに戦争で儲けるスタイルです。浜さんのおっしゃる大日本帝国ホールディングスがもっとも狙っているのは、戦争で儲けるスタイルですよね。そうすると働き方改革など、とにかく労働組合が文句を言わないようにしたいわけですね。

そういう構造の中で、過労死が見過ごされる。電通の問題が最近はクローズアップされましたが、以前に三菱重工の幹部エリートが過労で倒れたら、会社は奥さんの労災申請に対しても協力せず、途端に手の平を返すような扱いになったそうです。このケースでは奥さんが訴えて珍しく勝訴しました。

鷲尾悦也・元連合会長

ＩＭＦ－ＪＣ（全日本金属産業労働組合協議会）に私が間違って呼ばれたことがありましてね。当時、鉄鋼労連の委員長の鷲尾悦也《わしおえつや》という人が、友達の私を呼んだんです。彼は後に連合の会長もやりました。そこで私は禊研修の話をして、日立、東芝、三菱電機の名前を挙げた。それらの会社の労組幹部がみなそこにいて、鷲尾は後で吊るし上げられたそうです。どうして佐高を呼んだのかと。彼らはそこに疑問をもたないわけです。むしろ生産性が上がるなら良いという発想で、禊研修なんてことまでいちいちあげつらう佐高というのはおかしいと考える。

浜　確認ですけど、その時話された相手は組合員たちですよね？

佐高　そうです。組合幹部たちです。

軍需産業のＤＮＡ

浜　労組の幹部たちに対して禊研修の問題を指摘すると、どうして怒るのかがまったくわかりません。彼らこそがまず禊研修を批判してしかるべきですよね。

佐高　彼らはほとんど経営者の感覚なんですね。

浜　極めて重大な事態ですね。非人間的で、明らかに基本的人権の侵害であると思われる行為に対しては、組合が組織を挙げて怒らなくてはいけないのに、その怒りを汲み上げるべき労組幹部がそれを指摘されたことに怒るというのは、およそ辻褄が合わない。

おっしゃるとおり、頭の中が経営側になっていなければあり得ない。挙げられた企業に自分たちが入っていなければいいのでしょうか。それもおかしい。組合運動は企業横断的に労働者の人権を守るためにあるわけです。

いまも連合が曖昧な態度しか取れないのは、電力会社の組合が強いからだという話がありますが、佐高さんの話も重なるところがありますよね。国策会社大日本帝国ホールディングスの実現を阻止するに当たっては、この辺りが問題になっていきそうです。会社ファシズムの国家版は、もとよりそれを企むほうが悪いですが、この場合にはそれについていくほうも大いに悪い。

連合は、「高度専門職制度」への対応などを見ても、どうも、チームアホノミクスとの距離感の取り方が毅然としていない。

佐高　鷲尾は東大出のエリート意識が強い男で、団交か何かの時に、経営側に対して「私はそちらの席に座っていてもおかしくない人間ですけれども」と言ったことがあるそうです。感覚としてはまさに、たまたま組合側にいるという感じだったんでしょうね。

先日たまたま、田中伸尚《たなかのぶまさ》［一九四一—。ノンフィクション作家。朝日新聞を経て独立。二〇〇二年、『大逆事件　死と生の群像』で日本エッセイスト・クラブ賞受賞］の『ドキュメント昭和天皇』という本をひっくり返していたんですが、軍需工業が肥大化した理由の一つに臨時軍事費の前払い金制度があったという箇所がありました。

これは発注と同時に価格の五〇%から八〇%の代金が現金か小切手で払われるシステムだった。受注さえすればすぐに金が転がり込むので、軍の担当官と軍需企業の癒着というケースも少なくなかったと言います。

たとえば一九四二年度の上半期だけで川崎重工の前払い金が八億二四〇〇万円。総資本の五四・五%。とりあえず払っちゃうから、その後のチェックも杜撰なんです。ある企業は、一九四三年からの二年間に八〇〇台分の車輛受注を受けて前払い金をもらいながら、敗戦までに三一台しか納車していなかった。そういう信じられない話もある。

つまり軍需というのは、親方日の丸の極致で、そこまで出鱈目になっていくんですね。企業にとって楽なほうに雪崩を打っていく。経団連のどこか根っこのほうに、戦時中にこういう楽な商売をしていたという記憶があるんでしょう。

浜　そのDNAがずっと伝わってきていて、それが制度的に復活するかもしれないというので興奮している感じですよね。戦時下の凶々《まがまが》しい産業構造の眠れるDNAを目覚めさせてしまうのが国策会社大日本帝国ホールディングスの力学だということだと思います。

それに巻き込まれないためには、連帯しなければ絶対に対抗できない。我々は孤立させられることを回避しなければいけない。いまや危うい立場にある労働組合にせよ、比較的真っ当な生協にせよ、組合的なものの再建を真剣に考えなければいけない。組織率が低くなって、なんだかとても面倒臭そうだし、私はお一人様がいいというような感性から、人々が自分を解き放たないと、これは大変なことになると感じます。

「シェア」の二つの意味

佐高　そういう時の市民の合い言葉として、第二章で触れた「あの戦争は負けて良かった」があると思います。そこから戦争に巻き込まれない経済、戦争に巻き込まれない社会を構想していくという方向はあるのではないでしょうか。

浜　合い言葉は必要ですね。そしてやはり、合い言葉を共有できるような空気をつくっていかなければ。

佐高　私がフリーになった時にある先輩に言われたことがあります。それまで勤めていたのは小さな経済誌だから、毎日辞めたくて胃が痛くなるような日々だったんです。それで、辞めたらすっきりしちゃった。胃が痛むこともなくなった。

　ところがその先輩に、「自由な身に慣れると耐性がなくなるから気をつけたほうがいい」と言われたんです。身軽な日々に置かれると、嫌な奴との折衝術が失われる。人は集団の中で、自分の意にそぐわない人との付き合い方も学んでいかなければならないし、そこで耐性が養われていく。浜さんが言ったように、お一人様がいいのだということになると、人と繋がるための知恵も働かなくなってしまう。

浜　お一人様のすすめ的な力学も、実は大日本帝国ホールディングスが広めようとしている論理に組み込まれていると思います。自由で独立した個というようなおためごかしが、戦争経済に組み込まれたものになっていく。

最近、シェアという言葉が妙に流行っているのが気になるんです。ライドシェアとかシェアハウスとかカーシェアリングとか。ついにシェアリングエコノミーという言葉さえ出てきて、それが未来の姿だという言い方がなされている。シェアという言葉が危険だと思うのは、そこには明らかに二つの意味があるからです。

「これは私のシェアだ」と言えば、「それは私の分だ。分かち合う気はない」という意味ですよね。ところが「シェアしましょう」と言うと、「分け合う」という意味になります。シェアという言葉にはそういう二面性がある。かつての高度成長期の日本のように、マーケットシェアを確保するためにダンピングも辞さず、などという時のシェアは、奪い取る対象です。でも、いろんなものを注文してみんなでシェアするという時のシェアは、分け合うという意味です。

その微妙な二面性の間で、いまの社会が揺れている感じがある。その拮抗状態から、分断のシェア、奪い合いのシェアへと、どんどん我々を引き寄せていこうとするのが、アホノミクスの一つの狙いであり、やり口なのかなという気がするんです。

佐高　それは気付きませんでした。確かにそうかもしれない。

労働組合と市民運動

浜　たまたまこの間、ある講演先に行った時に相乗りタクシーに乗りました。タクシーをシェアしてるんだけど、シェアしている人々は孤立しているんです。大きなバスに乗っているならいいけれど、一台のタクシーに三人くらいの見も知らぬ人間が乗っている、この空気は何だろうかと思いました。お互いに口をきかない。これのどこがシェアなんじゃい！　という気分になりました。そういうライドシェアの実態を図らずも体感してしまいました。

シェアハウスとかカーシェアリングと言ったって、便宜的に何かを共有することによって、真に求められているものはやはり効率です。

だからシェアは、ケアがそこにないと人間の繋がり合いにはならないと思います。シェアが分かち合いの意味をもつためには、ケア、つまり気づかいがなければいけない。合い言葉にするなら「シェアと言えばケアと答える」ということですね。そういう紐帯《ちゅうたい》をもって我々が繋がり合っていると、大日本帝国ホールディングスも手が出しにくいかなと思います。ケアに裏打ちされたシェアの共同体を我々がしっかり持つことができれば、頼もしい拠点になるなと思ったりするんですけどね。

佐高　まさにケアなきシェアの象徴が今村前復興相の「東北で良かった」という発言でした

よね。悪いことを言ったと思っていないところがまたすごい。

浜　本人自身には本当に「まずいことを言ってしまった」という感じがなくて、大将が私のせいで謝っているからまずかったのかな、という感じでしたよね。

佐高　それはシェアのみで生きてきた人間だからでしょう。

浜　ケアなきシェア的発想に、労働組合も毒されてしまった感がある。本当は組合側が生産性向上なんて糞食らえと言わなければいけないのに、それが豊かな生活に繋がるという論法のもとで、権力側の論理に引き寄せられてしまっている。何のための生産性向上なのか、誰のための生産性向上なのか。それを考えてほしい。労働者がより多くの報酬を得ることができるようになるため？　企業が省力化でコストを削減できるようになるため？　そこを曖昧にさせないようにするのが、労働組合の役割であるはずです。ケアに裏打ちされたシェアの連帯がそこになければいけない。

　原始キリスト教会の分かち合いの体制にはケア付きシェアが生きていた。共産主義も、その本来の姿はケア付きシェアじゃないのでしょうか。その基本原理は「能力に応じて労働し、必要に応じて分配する」ですから。繋がりをもって、孤立と分断を押しつけてくるものに対抗するという意味合いにおいては、あらゆるかたちでの組合活動がいま重要なのかなと思いますね。なぜなら、まともな組合活動はケア付きシェアなしには成り立たないですから。

佐高　この前、水俣病関連の集会で熊本に行った時に思い出したんですけれども、水俣病においても、チッソの労働組合は最初は市民運動に敵対したんですね。労働組合は、市民運動と結びつかないと歪《ゆが》んでいく。水俣病をめぐる闘いの初期は、組合が市民運動を抑えてしまった。ずいぶん後になってチッソの第一組合が「恥宣言」を出す。つまり市民運動に敵対した自分たちは誤りであった、と。そこには大事な芽があったと思います。そういうかたちで市民運動と労働組合運動が結びつかないと、ケア付きシェアを本質とする、真に対抗的な運動はつくれない。

偽預言者の時代

浜　組合活動と市民運動が連帯することができたのが六〇年安保の時ですね。市民側は学生中心ですけどね。その体験はあるわけです。

一昨年夏の安保法制をめぐる反対の動きでは、市民運動がリードして、組合もさすがにそこにかかわらないのはまずいという恰好ではありましたが、一応運動に参加していった。しかしその後、組合はそこから脱落していってしまいました。あのひと夏だけという感じでした。

佐高　組合にも分断の力が働いている。公務員バッシングがあるでしょう。民間は厳しいのに、公務員はろくに働きもしないで給料がもらえている、と。民間の組合員もそこに乗せられてしまうんです。でも公務員は大事なところです。東北の大震災の時、役場の人たちは過労死寸前まで追い込まれて、自分の所も倒壊しているのに働き詰めた。

浜　ええ。働く者として連帯しようとすると、公務員対民間という楔《くさび》が打ち込まれてしまう。それを押し戻す力をどう築き上げていくか。やはり、役割仮面をすぐ脱げるようにしておかないと。公務員である前に一人の市民であり、企業の従業員である前に市民である。もっと言えば、ブラック企業の社長だってその前に、一人の市民であるはずです。そういう本当の顔をさらして共有していくことが大事ですね。

国粋を標榜する人たちは、役割仮面を脱いだ人々をすごく嫌います。同じ市民であるはずの人々が「お前らは移民を受け入れていいのか」とか「愛国者ではないじゃないか」と言って人を分断していく。一種の踏み絵ですね。そういう邪悪な力学が社会の随所に押し出されてくる。それを人民本位制という意味での真のポピュリズムで押し返していくことが必要です。

いまは偽預言者の時代だという気がします。人々が不安な時、旧約聖書に出てくるような偽預言者たちがたくさん現れる。偽預言者の特徴は、人が聞きたいと期待していることを言うことです。「どうしたらいいですか？」という問いに対して、安直な答えを提供する。本当の預言者たちは、人が聞くとつらいことを言うんです。「こんなことではだめだ」「自分たちの行いが状況を悪化させている」ということを言うわけです。そして、本当のことを言えば言うほど、その本当の預言者を黙らせようという動きが出てきて、耳心地のいい偽預言者のメッセージにみんなが引き寄せられていく。

看板に偽りがあることも、偽預言者の特徴でしょうね。「働き方改革」は実は「働かせ方改革」で、一億総活躍社会は一億総こき使われ社会。そこで思い出すのが、イギリスのBBCテレビが八〇年代前半にやっていた「イエス・ミニスター」というテレビシリーズです。「イエス・ミニスター」は日本語にすれば「かしこまりました、大臣」という感じです。政治家と役人の攻防や奇妙な連携をつぶさに描き出していて、現実がこのドラマをなぞっているのかと思うほどに鋭く政と官の癒着と敵対を活写している。

その中に、こんな場面がありました。ある役所の某古狸的事務次官が、ヘボな大臣に対して次のように知恵をつけます。「大臣、これは覚えておかれたほうがいいと思います。やりたくないこと、やる気がないこと、できる見込みがまったくないことは、すべて報告書のタイトルに書き込んでおいたらよろしゅうございます」

偽預言者もかくやと思われます。もっとも、チームアホノミクスの「人づくり革命」などは、本気でやる気なのでしょう。実は偽預言者の本気が一番怖いのかもしれない。

「家族」という縛り

佐高　魯迅の話を思い出します。ある家に子どもが生まれてみんながお祝いに行くんです。みんなが「この子はいまに偉くなりますよ」と言う中で、ある人が「この子はいまに死にますよ」と言って袋だたきに遭う。

浜　それこそ最大の真理ですね。

佐高　「この子はいまに死にますよ」と言った人は先生のところに行って、「自分は嘘は言いたくない。でも真実を言うと袋だたきにされる。どうしたらいいですか」と訊くんです。すると先生は「この子はいまにまあ、えへへ」と笑っていればいいのだと答える。これは日本人に向けて言っている話だなと私は思いました。つまりいまの社会では真実が語られていないということです。

権力の側は人民を、人民としてでなく、いかに国民として統合するかに腐心するわけです。教育勅語も含めて、向こうが強要してくるのは必ず家、家族ですね。家族を尊重させて天皇制に繋げたいわけです。もう一つ、マイホーム主義という言葉があるように、家族は閉じられる傾向がある。それをどういうふうに公に開くかという問題がある。キリスト教的には家族はどう捉えるんですか。

浜　家族という概念はあまり前面には出てこないですね。親を大事に、ということも特にありません。「ある時突然、家も配偶者も子どもも投げうって私についてこなくてはいけないこともある」とイエスが言う場面もあります。家父長的まとまりを基本単位とするような感覚はない。一方で何のかかわりもない人の痛みを無視するような行為は、神の怒りの対象となる。だから教育勅語的家父長体制とは正反対だと思います。

佐高　家父長制は厄介ですね。家族を大事にと言われると、違和感なく受け入れて、そして教育勅語的なものにも引っ張られる。第二章でも話しましたが、教育勅語からは、尊属殺人、親殺しの重罪化が必然的に出てくる。

浜　いわゆる市民革命というのは、そういう縛りから個人が解放されるという方向感も持っていたはずです。婚姻関係などまさにそうですね。家族もたしかに一つの連帯であり共同体ですが、その中に閉じ込められることは個々の人間がお互いに孤立するということに繋がる。どうしても家なるものの安泰や存続が第一となり、隣りの人を助けたほうがいいことが明らかな時も、家の存続を優先する。そのため、よりよき社会づくりのための真の連帯ができない。

同時に、視点を変えれば、それぞれ個別的に家がいちばんだと思っている単体をその配下に持っている権力は、それぞれに孤立した家父長的単体をコントロールしていけばいいから、支配しやすいですよね。求心力が強く頭数の多い個別単体の家とは、すなわち日本の大企業です。それを具現しているのがファシズム企業だということになってくる。

佐高　世界のトヨタと言っていて、しかし必ずしも能力が高いようには見えない豊田家の人間が、豊田家の人間であるということだけで社長になっている。まさに近代資本主義の権化みたいな企業が、実はかぶっている衣と異なって因習的な家父長制に貫かれている。豊田家は既に株をそれほど保有していないのに、豊田家の人間が継ぐとおさまりがいいという理由で社長になる。この近代と因習の合体が、日本的ファシズムと言っていいかもしれません。

「分断の論理」を乗り越える

浜　ファミリーという名のファシズム。マフィアのコーザ・ノストラみたいなものですね。マフィアは巨大なファミリーだという感覚でしょう。

佐高　孝行というなら、娘の身売りをどうするのか。あれはファミリーのために身を売ってくれと言われる。その意味では孝行の極致ということになります。身売りを国が奨励したという話になってしまう。

浜　それは、キリスト教の「我が身を犠牲に」とは恐ろしく違う。人民本位主義を支えるためには、非同族的な連帯が必要ですね。

佐高　家庭の子ではなく、社会の子という考え方が重要でしょう。組合にしても、日本の労組は企業別単組が多い。欧米では企業を横断した産業別が多いですよね。そこに労組が巨大な単体としてやられていってしまう、日本ならではの要因があるとも言える。

浜　本源的に目指したものは企業横断的に労働者の人権を確立する運動だったと思いますが、やはりサラリーマン社会が幅広く定着していく中でその志向が希薄になり、骨抜きにされてしまったということでしょう。経営側の論理が極端に突出してきて、成果主義などが打ち出されてくるようになったいまこそ、コーザ・ノストラ型ではない組合のあり方を模索しなければいけません。脱コーザ・ノストラが求められている気がします。

佐高　浜さんが言われた「横断的な関係」というのが、人間関係をつくる上でのキーワードになりそうですね。

浜　横断的なケアリング、横断的なシェアリングです。

佐高　内村鑑三《うちむらかんぞう》［一八六一―一九三〇。思想家・文学者。キリスト教を基軸に、非戦論や社会主義批判などを展開］が日露戦争の時に、そういうことを言っている。自分はロシアの一人一人の人物と敵対していない。国を超えた友情と戦争は反するということです。レマルク［筆名エーリヒ・マリア・レマルク。一八九八―一九七〇。ドイツの文学者。戦争の残酷さを描いた］の『西部戦線異状なし』もそうですね。「フランスの錠前屋や靴屋が俺たちに敵対してくると思うかい」と、ドイツ人が具体的に話をしますよね。そこを戦争は分かつわけですね。国というものによって分けていく。

浜　横断性を分断する。そのうえで国粋主義は自分たちの御国を、至高のものとする。その分断の論理こそが敵ですよね。国粋的体制は、横断性がある中では成り立たないですよね。家族的単体を超えた連帯があるところでは、国粋主義は自己完結することができない。

佐高　国粋というものも時代や環境によって変わっていく。私が弱腰だったとあちこちから批判された石原慎太郎との対談があるんです。私は、「石原さん、あなたのような人が、戦争中は日本民族は多民族国家だと言っていたんですよ。いまは単一民族だと主張しているけれども」と言ったんです。つまり五族協和だから、あの時代には大和民族なんて言っていられないということがあった。国粋の民族主義者たちが、日本民族は優れた多民族国家であると言っていた。そう言ったら、慎太郎が「知らなかった」と答えたんです。それで私はたたらを踏んじゃった。そこから攻めようと思っていたのに、妙に素直なところがあって、攻めあぐねたんです。井上哲次郎をはじめ、国粋が国粋たるゆえんは日本民族が優れて他民族を受け入れられるところだと言っていた。しかしいまでは、櫻井よしこたちは排外主義の単一民族史観です。だから国粋というのもご都合主義なんです。

浜　ご都合主義はすべて取り込む。アホノミクスも、いきなり同一労働同一賃金を取り込んでくるし、共通していています。節度や羞恥心というものと無縁な世界ですね。

第五章　「声なき声」がＮＯを突きつける

公私の区別がない人々

佐高　この間、共謀罪の集会で喋ったんですが、そこで一九一〇年の大逆事件に触れました。死刑になった一二人のうち一人か二人は実際に天皇暗殺を語っているんだけど、幸徳《こうとく》秋水《しゅうすい》［一八七一―一九一一。社会主義者。中江兆民に学び、日本初の社会主義政党を設立。後にアナーキズムに傾倒し、大逆事件で死刑に］たちは完全なでっち上げだった。翌年、幸徳たちが処刑されて間もなく、徳冨蘆花《とくとみろか》［一八六八―一九二七。小説家。思想家の徳富蘇峰を兄に持ち、大逆事件では幸徳秋水らの処刑を阻止するために活動した］が旧制一高で講演するんです。

蘆花は、彼らは謀叛《むほん》と言われて殺されたけれども、ちんけな罪人とは違う、新しいものは常に謀叛である、という強烈なことを語った。これが岩波文庫に入っている『謀叛論』です。そのときに後の東大総長になる矢内原忠雄《やないはらただお》［一八九三―一九六一。経済学者。戦争批判の言動で東大教授辞任を余儀なくされるも、戦後に復帰し、南原繁の後任総長に］が聴衆の一人としていたと言われます。蘆花は通俗小説のような『不如帰《ほととぎす》』なんかを書いているわりには骨っぽいところがあって、まるで共謀罪を先取りしたかのように、当時の統治に対して謀叛を呼びかけた。

共謀罪は一般人には無関係と言うけれど、安倍昭恵夫人に秘書が五人もついていて、それを平気で私人と呼ぶ。公私の区別がついていない連中に、一般人と一般人でない奴の区別がつくものかと思います。彼らは基本的に、捕まった奴は一般人でないという考え方でしょう。戦前戦中回帰という危機感は、いま社会全体にまでは共有されていないけれど、でもまさしくそういう時代になってきた。浜さんや私はすでに彼らに狙われているんじゃないか。

浜　まさにそうです。だからこそなるべく声高に、露骨に、言うべきことを言っておかないといけないですね。「まさか」は必ず起こると常々私は思っています。まさか戦前には戻らないよねとみんなが思う。そうなってほしくないから思うわけです。一九一〇年に戻るなどということは「まさか」の一言をもって否定したい。でも、そこに共謀罪というものが登場してきてしまう。

共謀罪を持ち出すということの中にこそ、戦前回帰を目指す彼らの魂胆が色濃く滲《にじ》み出ていますよね。テロ防止だとか言ってますけども、ずっと議論されているとおり、国際条約に対応するのなら既存の法律の枠内で可能だということを各方面の専門家たちが繰り返し主張しています。にもかかわらず強行突破したというのは何を目論んでいるのか。それは法案を通過させる時のゴリ押しの姿勢を見ても明らかです。最大限の警戒心を持って受け止めなければいけません。

公人と私人の区別がつかない者に、一般人と非一般人を仕分けできないだろうというのはおっしゃるとおりですね。ファシストたちには、そもそも公人という概念がわからないのでしょう。自分たちの私的な野望のために、政府という名の公的な装置を私物化しても何とも

前川喜平・前文科事務次官

思わない。公私の区別をつける能力がない。だから、公私混同だと非難されても、何を言われているのかわからないのでしょう。王様のものは王様のもの。みんなのものも王様のもの。安倍政権のやり方を見ていると、こういうイメージが浮かび上がってきます。政治の体質が恐ろしく前近代的なものになっている。

「もり・かけ」の、加計問題のほうで言えば、文書があるという前川《まえかわ》喜平《きへい》前文科事務次官の発言に対して、菅義偉《すがよしひで》官房長官が彼を個人的に罵倒したでしょう。あんなのは、問題となっていることと全然関係ない。「地位に恋々としがみついていた人ですから」と言い、それと前川氏の発言を結びつけてしまう。

我らの私的野望の実現を邪魔だてする者は、いかなる手段をもってでも排除する。それしかない。それがいいのだ。それで当然だ。この視野狭窄的中央突破感覚があるから、共謀罪もあのような形で強行成立させてしまうのでしょう。「だって、こうするしかないじゃん」という感じで。

小泉と安倍の違い

佐高　公私混同はファシストの本質だというのは大事な話ですね。思い出すのは小泉純一郎が政権当時、自衛隊をイラクに派遣するにあたり非戦闘地域とはどこかと訊かれて、自衛隊のいる所だと答えた。客観性やパブリックということがまったく頭にない。あの時はあまりに馬鹿馬鹿しく、小泉のキャラクターもあって笑って済まされた感もあるけれど、あの時代から権力者の言葉は暴力的なまでに無意味になり、抵抗する側がそれを撃てない状況が始まっている。あの時は小泉をみんなが笑った。笑いで済ませたこと自体が問題だったのですが、安倍が同じことを言う時には、笑った奴は処罰されるという事態になっている。

浜　小泉首相はまだ自分を笑いの対象とすることができた。そのぶん、安倍首相よりも姑息さが上で、怖いと言えば怖いのかもしれません。アホノミクスの大将にはそういうところがまったくない。彼の冗談というのは、せいぜい「以上、私が言ったことを忖度していただいて」という類いの猛烈に笑えない次元のものに尽きる。小泉の悪知恵も怖いが、アホノミクスの大将の知恵のなさも、これはこれで厄介ですよね。真っ当な論理が通用しない知恵なき者の思い込みの激しさを前に、真っ当にものを考える知恵者たちは少々怯むものがある。真っ当さを保とうとすると、下手をすれば相手の土俵に引きずり込まれてしまう。知恵なき者相手の知恵比べには、なかなか難しいものがあります。

ちなみに、六月にイギリスで総選挙がありましたよね。メイ首相率いる保守党は、ここで大勝してEU離脱交渉に向けて国内の足元固めをしたかった。ところが、これがまったく裏目に出て、単独過半数を失ってしまった。その後の下院の初会合で、現職の議長さんが圧倒的多数の支持を得て再選されたんですが、それを受けたメイ首相が「ま、少なくとも誰かが地滑り的勝利を得てめでたいことです」と言って爆笑を得ました。政治家がこういう自嘲的ユーモアをいい感じで発揮し、それをみんなが喜んで爆笑する。この感じが生きている間は、世の中、大丈夫かなと思います。

佐高　ファシズムが来た時には、まず笑いから消されると思うんです。ファシストは強張っている。安倍もヒトラーもそうですけど、自分を笑う人もいるだろうという余裕がない。「俺を笑うな」「俺は国のために存在している」という振る舞いばかりですよね。

しかし、「知恵なき者」との知恵比べというのは、いまの闘いの難しさをよく表現されていると思います。

浜　「我」と「国」の区別もつかなくなって、「朕は国家なり」にまで至る。誇大妄想とはこういうものかという感じです。世界の真ん中で輝く国創りと言っていますから、自分が世界の真ん中で輝いている妄想にとりつかれているのでしょう。

佐高　加計にしろ森友にしろ、友達に恩義を感じただの、恩を返すだの、借りを返すだの、それは私的な世界です。それを公的なものにおっかぶせてしまって、そこを批判されても、もはやどこがどう違うのかがわからなくなってしまっている。

浜　だからこういうものは徹底的に公の場に引きずり出して、糾弾し追及し続けないとだめですね。こんな途轍もない奴らであったか、ということが公の衆人環視の場でさらに明らかになることが必要です。グローバル時代なので、世界の場にああいう低劣な問題を引きずり出すことも意味があると思います。前川氏が外国人記者クラブで記者会見をやったりするといいんじゃないでしょうか。

したたかに笑い飛ばす

佐高　ファシズムに特徴的なことですが、アンパイア（審判）を潰しにかかりますよね。自分たちはプレイヤーでありアンパイアでもあるという態度を平然と取る。これはものすごく危険な考え方です。アンパイアはアンパイアでちゃんと存在するのだから、そこに委《ゆだ》ねるべきは委《ゆだ》ねる。安倍たちにはそういう姿勢がまったくない。菅官房長官はすぐに「自分たちはそう思っていません」と言うが、奴らは審判される側なんです。

浜　「謂《いわ》れのない言いがかりをつけられて」みたいな言い方をする。権威主義者は権威を尊敬できないということなんですよね。権威という言葉の意味さえも、彼らのような集団の中では意味が変わってしまう。自分たち以外のものは権威として認めない。

佐高　アンパイアの一つにメディアがあります。日本のメディアが報道の自由度で世界七二位というのは深刻で、権力の監視という本分を取り戻して頑張ってもらわないと困ります。

浜　本当ならメディア側が一致団結で政権を糾弾すべきです。いまこそ荒れ野で叫ぶ声の力が求められているわけですから。

佐高　七二位ということを自分たちの恥辱として徹底的に考えなくてはいけない。「読売新聞を読め」と安倍は言ったが、あれは読売新聞に対する最大の侮辱でしょう。

浜　あれを甘んじて受け入れているなら、もはやそれは新聞とは言えません。

佐高　読売の記者たちは何の声も上げていない。私が書いていた頃はそれなりの侍がいましたよ。私はかつて『週刊読売』で「ウの目タカの目サタカの目」というコラムを三年間連載したんです。その連載中のことですが、『週刊現代』に元木昌彦《もときまさひこ》というワルイ編集者がいて、私にナベツネ批判を書かせた。これで『週刊読売』の連載はなくなると思ったんですが、なくならなかった。『週刊読売』の担当者に「何か言われなかったの」と訊いたら、「上は言ってましたよ」と言って、知らんふりしていました。

浜　個々の人の踏んばりが大切ということでしょう。メディアには風刺と諧謔《かいぎゃく》がないといけない。ここでも、やはり笑いがポイントなんですよね。笑い飛ばすということが必要で、前回の本でも我々は笑うということを意識しましたが、上質の笑いを醸し出すことのできる力は、公私の区別のつかないファシズム体質にとってはとても苦手な部分のはずです。笑いは、なめくじに塩みたいな効力を発揮する。だから笑いを何とか排除しようとしてくるんだと思いますね。

佐高　私の学生時代、インドネシアで軍部と右派のクーデタ未遂事件があった。その後、スカルノが去る頃、インドネシアの新聞に、白い窓から顔をちょっとだけ出した人が「おはよう」と言っている漫画が載った。あとは何もない。言えないのだということを表現しているんです。それに強烈な印象を受けましたね。これは取り締まれない。

浜　そういう知恵をどんどん絞って新しい抵抗の表現をつくっていかないといけない。メディアの中でもそういう諧謔性、捕まえようと思ってもするりと逃げるようなしたたかな笑いが、本当に大切になってきていると思います。

佐高　そう、もっとしたたかにならないと。

敵のレベルに合わせるな

浜　日本のメディア、マスコミ、ジャーナリズムは変なところで言葉に神経質になりすぎです。言葉は彼らの商売道具ですから、大切に扱うのはいい。ですが、その商売道具に切れ味を持たせることを躊躇するようになっている。これはまずい。笑いが起こるというのはそこに上質な毒があるからなのに、それを自粛してしまう。それこそ忖度してしまう。これは権力に気がねする官僚たちと同列ではないでしょうか。佐高さんや私のことを、「歯に衣着せぬ」とか「一刀両断」とか「辛口激突」とかいろいろ言いますけど、そのような形で言葉にエッジを利かせるのは、本来、ジャーナリズムの仕事でしょ。

佐高　甘口の評論家やジャーナリストが存在してもいいのかという話です。田崎史郎《たざきしろう》という政治評論家がいるでしょう。「官邸では」と平気で彼は言う。お前は官邸のスポークスマンか、と。官邸に通じているということが存在価値だと思い込んでいるんですね。情けないにもほどがあります。

浜　いまは闘争本能を剝《む》き出しにしていかなければだめです。一連の状況をもっと見えるところに引きずり出すという意味では、加計の件は前川氏が出てきたために簡単には揉み消せなくなったと思うけれども、それは彼が出てきたからであって、森友もすごく盛り上がっていたのに突然尻すぼみになってしまった。共謀罪法案の強行採決についても、もっと突っ込みどころがあったはずだし、いまもあるでしょう。政治を批判し抜き、やっつけ抜いていく。それがメディアの仕事であり、そこにもっともっと緻密さと視野の広さと奥行きの深さをもって当たってほしい。

佐高　難しいのは、敵に合わせるようになっていくことですね。敵のレベルが低いと批判のレベルを上げるのが難しい。浜さんが先ほど言われたように、ここが知恵の傾けどころです。

浜　そうなんです。だからこそ彼らが、何をどう言っているかを徹底的に解析する必要があるわけです。共謀罪ももっと法案を深く読み込んでいたら、別のアタックのしようがあり得たのではないか。国連人権理事会の特別報告者のジョセフ・ケナタッチ氏［一九六一―。マルタの法学者。二〇一七年五月、いわゆる「共謀罪」について、「プライバシーや表現の自由を過度に制限するおそれがある」との書簡を安倍首相に送った］が、まさにアンパイアとして共謀罪について懸念を表明したというのは、強力な掩護射撃であり、ああいう動きをもっと大きく取り上げるべきだったと思う。

佐高　奴らの作法として、公私の区別がつかないことと、もう一つ、つまみ食いというか、ダブル・スタンダードもありますね。共謀罪について、オリンピックを前面に立ててパレルモ条約（国際組織犯罪防止条約）を言い訳に使いつつ、国連からの懸念は無視する。

浜　国際基準に従うためにやるのだと言っているところに、国際基準をつくっているところから文句が来たら、「それは関係ないです」と。とんでもない矛盾です。これもまさに公私混同族のつまみ食い方式ですね。ご都合主義の極み。いま、我々は「ご都合主義・イン・アクション」を目の当たりにしている。

佐高　前川氏の話の中で、「あったことをなかったとは言えない」というのがありました。彼はやはりどこかで公ということを信じている。公私をなくすのがファシズムならば、公を取り戻すことでファシズムを撃つ構えが大事だと思います。

蛇の狡猾さが必要

浜　前川氏は、「あったことをなかったとは言えない。赤信号を青信号にさせられた。黒を白だと言わされた」という言い方をしていましたね。あったこととなかったこと、赤信号と青信号、白と黒という対比が明快で面白いと思いました。逆に言えば、そういうあからさまな強圧が簡単に成り立ってしまう体質が蔓延《まんえん》しているということです。官邸主導の政治の実態とは、こういうものなのですね。

佐高　新自由主義は規則を規制と言いつのって、それを変えていく。それでもだめな場合は特区を設ける。法律を飛び越えてやってくるクーデタのようなものです。この本質を押さえるべきです。

浜　確かに彼らの動きは超法規的ですね。公私混同だから当然そうなるわけで。アホノミクス下の特区とは、要するに無法地帯ですよね。無法地帯をたくさんつくるのがいいとは、一体どういう発想でしょうか。特区制度そのものには、時と場合によって有用性がある。たとえば、焼け跡経済を立て直すとか、超貧困経済の救済とか、発展途上経済を離陸させるとか。そのような目的のために特区制度を使うことには、それなりの正当性があります。公私混同族のやりたい放題を実現するために特区制度があるわけではないのですが、彼らは、まさしくそのような認識でいる。彼らに多少ともまともな常識や良識に類するものがあると思ってはいけませんね。この辺のところが、まともな神経を持つ普通の人々にはなかなかわからない。当然ですよね。

講演先などで、普通でまともで良識ある市民のみなさんとお話ししていると、しばしば、「安倍首相はどうしてああいうことをするんでしょうか」という感じの質問を頂戴します。この感覚は本当によくわかります。自分たちの普通でまともで良識ある尺度からすれば、到底、考えられないことが行われている。いくらなんでも、これはないだろう。何か、正当な理由があるんじゃないか。それとも、悪いのは安倍さんの取り巻きなのか。何とか、自分たちにも納得がいく説明をもって公私混同族の行動を説明づけたい。繰り返しますが、その気持ち、本当によくわかるんです。ですが、こうした説明探し・原因探しは結局のところ時間の無駄だと思います。

彼らに常識は通用しない。悪者たちは悪者たちの自己都合に従ってしか動かない。下手にいと思います。

彼らの論理を理解しようとすると、そのこと自体が彼らの術中に嵌《は》まることに繋がりかねない。

佐高　私も良心的な人たちに苛立つときがあります。「自分ならそういうことはできないから他の人もできないだろう、そう思ってはいけない」と。悪を等身大のものと考えてはいけない。それでは闘えない。

浜　相手はひたすら邪悪なのだから、わかろうとするだけ無駄です。理解しようとするのは、まともな人間の素晴らしさではありますが、その素晴らしさの中に弱点がある。

聖書の中にも、我々には「蛇の賢さと鳩の素直さ」が必要だという箇所があります。イエス・キリストが弟子たちを各地に派遣するに当たってそのように言ったのです。あなたたちを派遣するのは、あたかも羊たちを狼の中に送り込むようなものだ、だから、鳩でありながら、同時に蛇でもありなさい。そう言うわけです。手ごわい邪悪なるものと対決する時には、ピュアなだけではだめだということですね。

ピュアさが真ん中にあるのは人間として素晴らしいし、その輝きがあってこそ、邪悪なる者たちをやっつけることができる。ですが、やっぱり賢さも必要だということです。蛇のようにシャープな狡猾さで相手の様子を窺《うかが》っていないといけない。鳩と蛇のハイブリッドであることが、我々に求められている。

「化粧」もできなくなった政治家

佐高　「いい人」の上に「どうでも」がつくと私は言うんですけど、それでは抵抗できない。佐川急便事件の頃だったか、あの頃は私はまだテレビの選挙開票特番に呼ばれていました。自民党と公明党が躍進した選挙で、特番のスタジオには自民党から加藤六月《かとうむつき》が来ていた。ちなみに彼の娘婿の加藤勝信《かつのぶ》が、いまの安倍の側近です。加藤六月夫人は同じ山口県出身のよしみで安倍の母、洋子とすごく仲が良い。それから公明党の二見伸明《ふたみのぶあき》と、作家の石川好《いしかわよしみ》がいた。

加藤六月・元農水相

番組の中で私が、佐川急便事件は宿便《しゅくべん》のようなもので、リクルート便にロッキード便が重なり、その上に佐川急便が乗ったなどと言ったら、加藤六月が顔を真っ赤にして怒った。「自民党を支持してくれた人に対する侮辱だ。謝れ」とか言って。私はまだ若かったから無視しました。それなのに番組終了後に加藤が私のところに来ましてね。人の手を無断で握って、それも両手で握って満面の笑みで、「佐高先生、今日はお世話になりました」と言う。さっき怒鳴ったのは何だったのかという感じでした。「今度またご一緒することがあったらよろしくお願いします」とまで言うんです。

その時に、俺はこいつらと闘っていかなくてはいけないのだと思いました。嘘をついている顔じゃない。とろけるような顔ですよ。呆気にとられました。私はその時から、生来の純真さを捨てました（笑）。腹の中と違うことを平気でできる人間と我々は闘っている。浜さんの言われた「鳩と蛇のハイブリッド」にならなくては対抗できない。いまの政治家は化粧をせずに邪悪な顔を出すことすら厭《いと》わなくなりましたから。

浜　化粧をすることができなくなったとも言えるでしょう。小泉首相は化粧がうまかった。怒る時も、相手がちょっと笑えるような隙を残した。そういう意味では政治の錬金術師としては、小泉首相がいちばん恐ろしい相手だったかもしれない。

ただ、誇大妄想の深さと激しさという意味では、やっぱりアホノミクスの大将のほうが危険でしょうね。小泉首相は、「打倒郵政」と「自民党をぶっ壊す」で満足していた。ずうずうしくも反原発でカムバックを狙ったりするところがおぞましいですが、拡張主義男のほうがやっぱりおぞましさの度合いは強い。思えば、安倍が小泉でなくて良かったかもしれませんね。アホノミクスの大将のような野望の塊男が、小泉タイプの面白キャラで劇場性を持っていたら、一段と危険だったでしょう。相手がアホノミクスだったことが、実を言えば救いなのかもしれません。みなさん、彼がテレビに出てくるとチャンネルを替えますもんね。

佐高　小泉は個人的にも知っているんですが、彼は一人なんですよね。群れることを嫌う。ところが安倍の場合は自分が弱いから周りに変なのばかりが集まってくるんです。

浜　有象無象が蠅取り紙にくっついてくるようにね。

佐高　籠池しかり加計しかりです。見ていて、安倍のまわりには一目置けるような人物が一人もいない。安倍の隣りにいるのはまず菅です。

浜　世耕弘成《せこうひろしげ》だの本田悦朗《ほんだえつろう》［一九五五―。前内閣官房参与。現在は駐スイス大使などを務める。安倍首相にとって経済政策のアドバイザー役］だの竹中平蔵《たけなかへいぞう》だのです。

佐高　そして妖怪・二階俊博《にかいとしひろ》がいて秘書官の今井尚哉がいて。

浜　高村正彦《こうむらまさひこ》もいる。

佐高　高村なんて、私は勝共連合の弁護士としてしか知らなかった。

純粋無垢な幼児の怒り

浜　小手先の技能さえも持ち合わせず、ファシズム丸出し。それがチームアホノミクスですね。小泉首相の揚げ足を取ることはそれなりに工夫を要したと思います。かなりの技が必要だったと言える。一方、安倍首相には小泉的狡猾さがない。すぐに地金《じがね》が出る。そこで批判が集まると、烈火のごとく怒って逆襲に出る。本当に幼児性の塊です。純粋無垢な幼児性ファシズム。それがチームアホノミクス体制の本質だと思います。

佐高　東条英機が首相だった当時に、庶民が贅沢をしていないかを調べるためにゴミ箱を覗いたという話があるじゃないですか。愚かなファシストとしての安倍も、それに近い印象がある。

　このどうしようもないファシズムを撃ち抜くために私たちが復権すべき「公」ということについて、もう少し討論したいんです。

　公とは、お互いが私を主張していてはめちゃくちゃになるから、そこにある種のルールを含めた共生の場ですよね。いちばんわかりやすいのは網野《あみの》善彦《よしひこ》さん［一九二八―二〇〇四。歴史学者。農業以外に従事する庶民に目を向けた研究で網野史観を確立］の定義で、「領海の外に公海がある」ということです。領海は領土ですから国ですけど、国＝公ではなくて、私を超えて国をも超えるのが公です。前川も、たぶんそれを信じて役人になったわけでしょう。それが公僕というものです。公が「私」の政治に侵された時、彼はその時点では抵抗できなかったけれども、いま改めて抵抗しているということでしょう。日本からいちばん失われたのが公なのかもしれません。

浜　公僕という言葉はキーポイントですね。公というのは基本的に自分のためではないということですよね。政治家たちが国会で議論するのは、自分の主張を通すことが第一義的な目的ではない。自分の主張を通すことが世のため人のためになるという確信をもっているからこそ、それを通そうとするわけです。

第一義的には自分ではないものに仕えるのが公であり、だから公僕と言う。自分のためではないことを仕事にするという覚悟と、そのことに対する深い理解がなければ、公職に就いてはいけないのだと思います。それはすごく重い責任のあることだし、すごく格調の高いことでもあるし、すごく清らかなことでもあるはずですよね。元来、我欲といちばん遠いところにあるのが公であるはずです。だからこそ公私混同は絶対に許されない行動なわけです。

佐高　公僕、国僕、私僕と並べるとはっきりしてきますね。国僕、私僕、さらに今は我僕でしょう。我の僕《しもべ》になっている。それを安倍なんかは公の色をつけて我を通す。そこでは公私がイコールになっている。

権力にかしずく人々

浜　以前も話に出た愛僕主義ですが、考えてみれば、愛僕と愛国、そして国僕と私僕、あるいは私僕のもっとも純度の高い我僕は、容易に一体化してしまうということをいまの安倍政権が示しているのではないでしょうか。

公僕は私僕でも国僕でもない。ところが、到底、公という言葉の範疇の端のまた端にも入らないようなことを、本来公僕の世界でやるべきことに持ち込んでいる。その意味で、私物化という言葉はいまの官邸のあり方を実によく表現している。森友・加計問題というのは安倍政権の本質を映し出しているということでもある。

佐高　私は公というと、アフガニスタンなどで長らく医療活動や水利事業に携わってきた、ペシャワール会の中村哲《なかむらてつ》さんを思い出します。あんな不便な所でよくぞと思うが、それはやはり公ということに突き動かされているのだと思います。それは国を超える。中村さんは、憲法九条があることで日本は諸外国から信頼されているのであって、自衛隊が来ると邪魔なのだ、自衛隊が来ると自分たちのプランや活動がやりにくくなると言う。中村さんのような人間を誇りとするか、極端に言えば安倍を誇りにするかということだと思うんです。

浜　安倍首相を誇りにする人たちとはどういう人なんでしょうね。わかる必要のないことかもしれませんが。

佐高　安倍と呼び捨てにすると「一国の首相に対して」と怒られることがある。首相にふさわしくない人なんだから呼び捨てにしてもしようがない。

浜　だいたい一国の首相ってそんなに偉くないですよ。よろず承り大臣ですから。

佐高　servant（召し使い）ですからね。

浜　ええ。総理と言っているくらいなんだから。servant中のservantです。

佐高　それが「一国の首相に対して」なんて、いまや虚を突かれるような思いすらします。
浜　そういうことを言う人はそこに権力というものを感じているわけですよね。権力に弱く、権力にかしずく。「この印籠が目に入らぬか」と言われると怖じ気づくような、そういう感性が、公私の区別のつかない者たちの野望と合体してしまうと怖い。そこに国粋主義が生まれ出てくることになる。
佐高　私がよく行く喫茶店のマスターが、いい親父なんですよ。私の書いた『石原慎太郎への弔辞』という本を本屋で見たけどまだ読んでいないと言うので、差しあげたんです。すると彼はそれを読んで「あんなにめちゃくちゃ書いていいんですね」と言う。私はめちゃくちゃ書いた覚えもないけど、権力者に対してそこまで書いてはいけないと彼は思っている。

新聞記者に流れる空気

浜　権力者に楯突いてはいけないのじゃないかという感覚には、存外に根強いものがあり、広がりもある。そのことに気をつけておかなければいけませんね。人々が知らぬ間に権威主義という名の拘束衣を着せられてしまっている。これは高じてくると、そのうち、「権力者に対して質問なんてしてもいいんでしょうか」というところまでいってしまいかねない。実際に、記者会見で食い下がって質問すると権威主義集団は怒り出しますもんね。権威主義の拘束衣に人を押し込めようとしている彼らは、問い質されるとか、違うと言われることを徹底的に忌避《きひ》します。公僕としての姿勢があれば、こんな態度にはならない。説明責任を果たすべきだという認識があるはずですから。問い質されて当然だと覚悟している。公私混同集団には、覚悟というものがまったくない。覚悟が入り込む余地がないメンタリティーで固まっている。

新聞記者は質問をすることを仕事にしている。それなのに、その職業の人が普通に仕事をしていると、仕事をしているということで怒る。何とかして「権力者に質問するとはもってのほかなり」という空気を充満させようとする。

佐高　自民党の中でも、たとえば田中角栄なんかは下から上がってきた人だから、世の中には自分を批判するのを仕事にしている人がいる、あるいは一〇人集まれば一人は共産党だと、そういう肌身の実感がありました。

小渕恵三《おぶちけいぞう》内閣の時、私は小渕を「オブツ」と書いたんです。当時の自民党副幹事長は武部勤《たけべつとむ》でしたが、弁護士の連名で副幹事長名で通告書が来た。一〇日以内に返事をしろと書かれてありました。もちろん返事をしなかったけれども。その後、田勢康弘《たせやすひろ》というジャーナリストの出版記念パーティーに出かけたら、小渕がいたんです。筑紫哲也《ちくしてつや》さんや私が発起人だったんですが、私も壇上に上げられて、それで私が来ていることが小渕にわかっちゃった。

その後探し当てられて、握手させられた。その時、小渕は「批判する人も必要だから」と言ったんです。そういう気風が田中派にはかろうじてある。ところが岸からくる清和会にはないんです。

小渕は外務大臣のときに地雷廃絶の条約に賛成しています。アメリカは反対した。地雷とクラスター爆弾に関しては、アメリカ、中国、ロシアが廃絶の条約に入らない、ならず者国家なんですね。ノルウェーやカナダが根回しして見切り発車でやったんですが、大国主導でないところが面白いと思いました。そこに小渕はあえて参加した。

小渕恵三・元首相

小渕は、日本軍が中国に遺棄した毒ガス兵器の処理にも着手している。クラスター爆弾禁止条約参加をやったのは、安倍と同じ清和会の福《ふく》田康夫《だやすお》でしたが、いまは自民党内に、戦争の歴史と現在に向き合うそういう動きは全然ない。

浜　かつては、自民党といえども、その中にちゃんと考えて公の観点からやるべきことの仕分けができる人々がいたわけですね。いまは、それがまったくなくなってしまった。

佐高　先ほど話した出版記念会の時、井上陽水と小室等も会場にいたんです。私が小渕と握手したところを陽水と小室に見られて、「クレゾールで洗っても落ちないぞ」と言われました。それでも小渕はまだましだったと、いまは思いますね。

浜　チームアホノミクスはこれ以上にひどいのはまず出てこないだろうと思われる化け物集団ですから。

公的使命を忘れた銀行

佐高　銀行の公共性ということを考えたいんですが、シティバンクが私を川柳の審査員に呼んだことがあります。日本の銀行が私を呼ぶなんて考えられないけど、アメリカの銀行だからでしょうね。面白い句があって、「通帳のシミかと見れば金利なり」とか「この頃は頭も金利もアメリカン」とか。いまはしかしシミですらない。

浜　シミがついていることすらわからないようなものになっている。

佐高　これだと銀行はやっていけないですよね。

浜　銀行がやっていけないからいろんな問題が出てきている。銀行はマイナス金利になってしまっていて、しかし預金にマイナス金利をつけるわけにはいかないから、場合によっては収益が逆鞘《ぎゃくざや》になったりしている。銀行の首を絞め、人々の預金を罰金の対象にする――カネを貯めていたら罰金を取る――ということをやったらどういう結果が出るか。それこそ、どういう覚悟が求められるのか。こうした諸点にまったく考えがおよばない。それがチームアホノミクスの面々です。公の感覚がない人々が政策という公の本質に携わっている。だから状況が次第に瓦解していくわけです。

ここが彼らのアキレス腱ですね。公がわからない者たちが公の世界に踏み込むと、公的サービスの対象となる側から必ず逆襲を受けることになる。アホノミクスはそういう局面に来ている。押しても押した方向に経済が動かない。むしろ行ってほしくない方向に動いてしまう。そのことが人々を困らせて、アホノミクスが不評を買うことになる。自作自演の自縄自縛という感じになってきました。

佐高　地方銀行が特に困るだろうと言われています。その中で、スルガ銀行の経営状態が突出していいんです。金融庁が変に褒めたりするから逆に困っているんですが、融資の対象を主に企業から個人にした。それでいまの状況の中でも優良銀行になっている。

浜　不良債権を抱えることもなかったし、危ない橋を渡っていないからでしょう。銀行というのは私企業ではありますが、多分に公益的な機能を果たしている。銀行業こそ、自分のためではないという意識がどこかにないと、人様のおカネを預かって、それを元手に人様の事業を支えたり、個人の資金ニーズに応えるということを真っ当にはやってはいけない。それなりに公僕的意識がないと、カネ貸し業はとんでもない方向に行ってしまいます。いまの銀行業はかつての銀行業が歴史的に持っていた「我々は私事では済まされないことをやっている」という意識が希薄になってきていると思うんです。とにかく収益を上げる、利鞘を高める、そういう感じです。

かつての銀行にはそんなことのために銀行はあるのではない、銀行は儲けの話なんてしない、という感性がありました。三菱銀行など、自分たちが世の中を支えているくらいの偉そうな顔をしていて、メインバンクをやっている企業の経営にはあれこれとえげつないほどに口を出すけれども、しかし潰れるようなところには絶対に追い込まないという面があった。メインバンクシステムというのは制度というわけではないんですが、その仕組みの中で銀行員たちは公僕性を認識し、公益的仕事に従事しているという意識を持っていました。それを新入社員たちにも叩き込むという感じだったわけです。

スルガみたいなところはそういう感受性が残っているのだと思います。電力会社だって本来はそうであるはずなんです。いまはNTTとなったかつての電電公社もそうです。いまの電力会社には公的な感覚がなくなってしまって、保身ばかりです。公感覚がないくせに、政権に密着することで延命を計っている。だから原発を維持するんだという話になってしまう。東芝だって、かつて土光敏夫《どこうとしお》さんの時代などは「公」感を持っていたのだと思います。

それがなくなったらこの体たらくです。「公」感を失って権力にしなだれかかると、途轍もない結果が出てくる。

「企て」か、「企み」か

佐高　私はヤマト運輸という会社を、宅急便を開始した頃から追いかけてきました。社長だった小倉昌男《おぐらまさお》という人にも何度も会っていました。ヤマト運輸もスルガと似ていて、企業相手から個人相手に顧客を替えて成功したんです。その象徴が三越との取引停止です。当時、三越との取引があるというだけで信用でありブランドでした。ところが三越社長の岡田茂《おかだしげる》が、運送会社の車からも駐車料を取ると言い始めた。またイベントがあると運送会社を下請け扱いにする。それで小倉昌男は取引をやめるんです。そして、まだ成功するかもわからない個人向け事業に替えていった。

小倉昌男・元ヤマト運輸社長

スルガの現会長の岡野光喜《おかのみつよし》というのが私の大学の同期で、いまも時々会っているんだけれども、女性への住宅ローンを最初に始めたのはスルガなんです。

浜　女性は返済能力がないと見なされていた時代ですよね。

佐高　ところがやってみたら全然違って、女性のほうがきちんと返済したそうです。後から他行も始めたけれども、トップを切ったのがスルガでした。よくピープルズバンクなどと言うけれど、日本の銀行は全然ピープルズバンクではないです。カンパニーズバンクです。そこらへんの目の付けどころ、時代や社会の見極め方、ある種の冒険も含めて、スルガ銀行やヤマト運輸は先駆的な嗅覚を持っていたのだと思います。

浜　社会の基礎的、基本的単位は個人であり、民主主義の基本単位も個人です。パブリックという言葉は人々という意味ですよね。酒場のパブは人々が集まる場所だからパブという。それに対して現在の大企業というのは、私的な我欲を追求する側面ばかりが肥大していて、自分でないもののためにやっている部分が極めて少なくなっている。人々が集まるまともな場としての性格を失ってしまった。

そういう意味で、いまの大企業は「私」的である。「世のため人のため」という時の「人」は個人、そして「世」はその有機的な集まりとしての公のことであって、そこにサービスすることが我々の第一義的な仕事だ、それで儲けることができるならありがたいことだ、という感覚でスルガもヤマトも新しい事業に向かったのではないでしょうか。公の基本的単位としての個人に向けてのサービスを考えたという気がします。

佐高　企業というものの起源を考えると、「人々が集まるまともな場」、つまり公的なものを含むはずなのに、いまやそれを忘れて企業自身だけの存続に走っていますよね。

浜　企業の企は「企《くわだ》て」ですけど、だんだん「企《たくら》み」になってしまっている。企てなら、そこには人々の役に立つ余地がある。創造的な発想を世のため人のために使う。そういう企てが大いにあり得るでしょう。ところが、企業の「企」は次第に企みの「企」の色彩を深めてしまっている。企みの「企」が強まれば強まるほど、企業は公的感覚を失う。そして、そうなればなるほど、公私混同型政治に接近しやすい体質が深まっていく。そこに、企みが悪巧みに転化する温床が形成されるのでしょうね。かくして、悪代官と越後屋のコラボの構図が誕生することになる。

「生き方改革」への道

佐高　エンタープライズ、企業には冒険や挑戦という意味もあります。スルガやヤマト、前回の本で語り合った「買い物難民」を対象にした移動スーパー「とくし丸」には冒険という側面があります。その冒険を忘れて安定に走ると、国家と結びついて御用商人的に楽に儲けようとするところに行ってしまう。冒険を忘れると腐敗が生まれるんです。

浜　ひたすら我欲の世界ですね。政治的我欲と儲け的我欲の合体の中で、様々な邪悪な企みが生まれてくる。モリとかカケとか。

話が後戻りしますが、「働き方改革」構想こそ、この種の企みの最たるものだと考えざるを得ません。大日本帝国会社の経営計画という企みと、それに便乗して収益基盤を確立していこうとする我欲企業の企みが合体する。悪代官と越後屋による巨大な公私混同構想です。そのために人々の働き方を改革しようというわけです。

佐高　それはすぐ生き方改革に繋がりますからね。

浜　そうです。おまけに、いまや「人づくり革命」を打ち出す段階に踏み込んでいる。革命的に人間を改造しようとはどういうことか。

佐高　働き方の強制は、生き方、思想統制に繋がります。東芝に扇会というのがある。けっこうな人数がいて、そこから管理職などが出てくると思うんだけど、扇会が、言うことを聞かない従業員を村八分ならぬ職場八分にした。それは不当だということで裁判になったわけですが、その中で扇会というものの存在が明らかになったんです。凄まじい実態です。そういう従業員を彼らは問題者と呼ぶんですが、問題者とは、終業してからの行動の見当がつかない。若い人の面倒をよく見る。権利の行使に熱心である。他人の給料を聞きたがる。そういう項目がたくさん並んでいる。

浜　それは問題行動リストみたいなものですか。

佐高　ええ。問題者とされると、扇会のメンバーが尾行する。そして勤労部に通報するんです。これは戦前の話ではない。ここ二〇年ばかりの話なんです。そういうチェックに耐えた者だけが上に上がっていく。東芝の凋落の原因について様々に論じられたけれども、ここに触れた人はいない。でもここが根本問題だと私は考えています。東芝は扇会のメンバーがいま、幹部を占めているんでしょうね。

誇大妄想で未来を語る

浜　そういう人たちにとっては、働き方改革実行計画に従って人々の働き方を改革するという考えは、実に都合がいいでしょうね。

佐高　あるいは働き方改革自体が、扇会的なものを真似したのかもしれない。

浜　チェックリスト方式がいまの官邸は好きですよね。未来投資会議もロードマップを作って、いつまでに何をやるかということを逆算方式で決めている。このロードマップは、同時に計画の進捗具合を見るためのチェックリストの機能も果たす。

チームアホノミクスは、指針や事例を示して人々の行動を管理したがる傾向も強いですね。同一労働同一賃金の観点から何が許されて何がだめなのか。この点について厚労省が

「ガイドライン」を出したりしています。職場における女性の活躍推進に関する法律も、女性役員をいつまでに何%にするというようなチェックリスト方式を打ち出しています。

チェックリスト方式は、それに従って国家権力が、企業や働く現場を管理することに繋がります。ですからまさに生き方管理に繋がっていくということですよね。

佐高　働き方改革の狙いは、年休や権利の行使に熱心だということがチェックされてしまう扇会の延長上にあるわけです。

浜　ひたすら言われたとおりに働くから有能な国僕たり得る、そういう働き方を広めていくということですね。働き方改革実現会議は、働き方改革実行計画ができて解散したんだけれども、そのフォローアップ会合というのが似たようなメンバーで続いている。それは監視体制に繋がっていくでしょう。

一方で、未来投資会議というのもある。つくづく思うのですが、ファシストたちは未来という言葉が好きです。時代錯誤的な権力志向主義者は、未来志向なんです。未来は白いキャンバスだからどんな大言壮語もできるし、どんな方向にも誘導できるからです。ファシストたちは未来と巨大建造物が好きです。この両者は無縁ではない。二〇二〇年をもって東京を未来都市へと言い、ソサエティ5・0などと喧伝する。

佐高　私なんかはそういうのが生理的にだめですね。未来、未来と言うけど、肝心ないまはどうなのかと。

浜　未来はいまの積み上げですからね。本当の公僕なら、未来のことを大言壮語する暇があったら、いまどこでどんな人たちが苦しんでいるのか、それはなぜか、それを是正するために何ができるかというふうに考えるはずです。そうでなく、我が創造する未来はこれだ、という方向にいくのは誇大妄想です。

佐高　それは現在の問題点を隠す。

浜　答えはいまの中にしかないんだけれども、それを全然追究しようとせずに、一億総活躍というような言い方をする。

佐高　美術運動の未来派も、イタリアのファシズムのプロパガンダを担うものになっていった。確かに未来と言う奴には気をつけろ、と言えるかもしれない。

浜　本当にそう思います。

アホノミクスは忘れてほしい

佐高　安倍は二〇一八年までの物価上昇率二％やプライマリーバランスをまったく言わなくなりました。これはアベノミクスの実質上の崩壊ということもあるし、うまく立ち行かなくなっている状況から注意を他に逸《そ》らせて強権政治に突っ走っているということでもあるんだけれども、経済と政治の軍事化、ファシズム化に向かっているということでもある。
　浜さんが前から指摘しているように、この事態は、アホノミクスが軍需産業を目指すということに振り切ったということですよね。

浜　チームアホノミクスとしては、どうも、アベノミクスという言葉を我々に忘れてもらいたくなっているのではないでしょうか。三本の矢の一つ一つが何であったかというようなところを追及されたくない。そういう段階に来ているように見えます。「三本の矢」という名の過去はもう振り返らない。いまは、既に見た財政と金融の一体化による統合政府部門の構築、そして人づくり革命の推進で、次のステージに入りたい。そういう心境なのだと思います。

佐高　私は、財政と金融の分離について、『大蔵省分割論』とかを書いて一生懸命に主張してきました。それが完全に覆されている。もともとは両方が互いにアンパイアになるという面があると思うんだけれども、全部を統合させて、完全にアンパイアをなくしていく。

浜　中央銀行は本来ならアンパイア的な位置づけのはずです。まともな国の運営であればそうなんですが、あらゆるファシズム国家は独立した中央銀行を持っていない。

佐高　財政民主主義とは民主主義の根幹なんですけど、そこがないがしろにされていく。

浜　財政が民主主義の敵に管理され、民主主義のために働かない。民主主義的監視の目が届かないところに消え失せていく。この点との関連で、最近思いついたことがあります。それは「透明性」という言葉に関する発見です。この言葉には二つの意味があるんですね。透明性を高めなくてはいけないという言い方をする時、我々は「物事をよく見えるようにしなさい」と言っているわけですよね。政治も経営も、ガラス張りにして中身をしっかり開示しなさいというわけです。これに対して、透明人間と言うと、それは見えない人です。つまり、見える透明と見えない透明があるわけです。

統合政府部門で財政と金融を一体運営するということになると、政府の予算は我々の目の前から姿を消す。つまり見えない透明、透明人間の透明化するわけです。「見える化」という変な言葉があります。透明性を高めることを「見える化」と言うわけですが、「見えない化」する透明性の高め方もあるということです。transparentの透明とinvisibleの透明の違いに、我々は十二分に気をつけていかなければいけないと思います。

透明人間がいい人なら、ブラック企業に忍び込んで実態を暴いてくれたりするでしょう。佐高さんが透明人間になったら何でも暴いてくれそうな気がするけど、透明人間が悪い奴だったら、この辺にいていまの我々の話を全部聞いて、我々は明日にもしょっぴかれることになる。だから透明の両面性には気をつけなければいけないんです。

勇気ある財界人はなぜ消えた?

佐高　前章で話したシェアの両面性と同じですね。現在の支配形態の謀《たばか》りがよく表れている。

軍需経済の話に戻りますが、森友学園や加計学園は、ある意味で軍需企業みたいなものです。国家が儲けさせる。彼らは大した企業努力をしないで楽して儲ける。ある種の軍需企業というか、堕落し果てた官需企業の一形態ですね。

浜　有事にはご注文どおりにカネを使いますという、そのことのために、ああいう特典を与えられる。森友の思想はまさに軍需的です。

佐高　教育勅語に反中嫌韓ですからね。

浜　国家崇《あが》め奉《たてまつ》り型の精神構造と言っていいと思います。

佐高　この間、日本興業銀行頭取だった中山素平《なかやまそへい》のことを改めて書いたんですが、湾岸戦争の時に彼は、自衛隊派遣はだめだ、憲法改正なんて論外だと、『選択』という雑誌のインタビューで語っている。では日本はカネだけかというと、それも違うと言った。日本はまさにその間に立って外交をやるのだということを、財界のご意見番である中山素平が言っている。当時としても勇気ある発言だったと思いますが、いまはそういうことを言う財界人がいません。

浜　財界人に限らず、そういう発想を持っている人自体がこの国からいなくなってしまったと気付いて呆然としてしまう。なぜそういう人がいなくなったのかも、追究の余地があるテーマだと思います。

企業も追い詰められて、いまのグローバル時代を生き抜くためにどうあるべきかを考えるゆとりすらなく、とにかく競争に勝たねばと必死になっている。その必死さにいわばつけこんで、チームアホノミクスが彼らを引き寄せる。グローバル時代を生き抜く企業は、中山素平さんのような理念を持った企業経営者たちが経営している企業であるべきなのだと思いますが、そういう理念はまったくと言っていいほど失われていますよね。

中山素平・元日本興業銀行頭取

佐高　途絶えたと思ったら、稀にはいるんだと思ったのが、前にお話しした、ソニーを辞めてグーグル日本法人の社長になって、自分でアレックスという企業を立てた辻野晃一郎という人です。彼は、戦争で儲ける国にしてはならないという確固とした理念を持っています。

浜　ソニーは個人相手でしたものね。その商品はウォークマンにせよトランジスタラジオにせよ、要はパブリックを相手にしていた。だからそこに一定の公感覚が芽生える余地があったのかもしれない。お国相手の企業には公感覚が育たない。ひょっとするとそういうことなのかも。

佐高　楽して儲けるスタイルを井深大さんは徹底して嫌いましたから。

浜　ホンダなんかも自動車会社の中でそういう体質が強かった。トヨタはお国相手系ですね。このへんの仕分けが見えてくると、「企みの企」の群団に丸め込まれないためのガードを固くできそうです。

権力は「大衆」を恐怖する

佐高　ただ、残念なことに、ホンダのトヨタ化、ソニーの松下化が進んでしまっている。大企業から独創的な「企て」はなくなり、「企み」ばかりが幅をきかせるようになった。希望が極めて薄い時代ですが、消費者あるいは利用者は受け身なようでいて、企業社会自体を変えていくこともできるんです。一時、電力料金不払い運動や、一円預金運動というのがありました。いまは一円預金はできないのかもしれませんが、銀行にとって手間がかかることをわざとやる。さっきクラスター爆弾と地雷の話をしましたが、世界的に地雷やクラスター爆弾を製造している会社に融資している銀行には預金しないという運動もある。日本の四大銀行は地雷かクラスター爆弾かを作っている企業に融資してるんです。

浜　さもありなんという感じですね。

佐高　会社や銀行は我々から遠いものに見えるけれども、しかし変えていける可能性もあるんですよね。

浜　企業や銀行はお客様の目には敏感ですからね。お客様は神様とはよく言ったもので、神様がだめと言ったものはやりにくいし、お好みだと思うとどっと動く。消費者は個人であり公であるわけですから、その力で流れを変えていくことができる。共謀罪だって国会の中ではだめだったけど、街頭ではなおも人々が頑張り続けて決して諦めていない。

佐高　弱いようで強い、強いようで弱い。人々、あるいは大衆というのは、両面を持っていますね。

浜　その強弱がないまぜになった大衆の力を信頼し、そこに打倒ファシズムの軸を置くことが大事だと思います。ポピュリズムを大衆迎合と訳したりする感覚とは、徹底的に決別しなければいけません。大衆を迎合の対象だと捉えるのは、大衆に対して侮蔑的です。揶揄《やゆ》の対象として大衆を位置づけている。

佐高　大衆という言葉が揶揄的に発せられるというのは、権力は大衆が怖いからでしょうね。

浜　怖いから、低級な者たちという位置づけに追い込みたい。

佐高　敗戦直後は混沌の時代で、大衆という言葉が輝きを持っていました。竹下《たけした》登《のぼる》の実家は造り酒屋ですが、「大衆」という銘柄の酒を出している。竹下は、戦前の共産党の理論家だった福本《ふくもと》和《かず》夫《お》［一八九四－一九八三。思想史家・文化史家。東京帝国大学法学部卒。画商で「政界のフィクサー」と呼ばれた福本邦雄は長男］の影響を受けているんです。戦後に青年団活動なんかもしていて、社会主義にかぶれた時期もあるようです。大衆なんて名前、なかなか酒につけないですよね。

竹下がどうということではないんですが、いまこそポピュリズム批判に対して、逆に真の大衆主義を打ち出して、大衆の輝きを取り戻す必要がある。

浜　権力者はもっとも恐れている者を見下そうとする。そういう構図の一環としてポピュリズムという言葉が使われている。民主主義の原点は人民であり大衆であり人々です。言ってみれば人民本位制です。人民本位制としての真のポピュリズムを、偽ポピュリズムに真正面からぶつけなければ。

第六章　大メディアよ、「中立」を捨てよ

トランプが言う「自由」の意味

佐高　トランプのアメリカが、地球温暖化防止に取り組むパリ協定からの離脱を表明しました。環境問題に見向きもしないというのは、公共を投げ捨てるということでもある。トランプも安倍首相同様、こちら側の理解を絶する政治家ですが、極めて暴君経営者的であるとは言えます。そのアナロジーで言うと、会社というのは本来、社会の中から生まれてくるものであるのに、新自由主義下の大企業は、社会を捨てて、公共を食い尽くし、利潤だけを追求していく。そして公害が垂れ流される。

こう見ると、トランプも新自由主義の影響が色濃いと言える気がするんですが、どうなんでしょうか。

浜　そもそも、トランプに新自由主義という言葉がわかるかどうかという問題がありますね。それはともかく、彼の言動は、強い者がより強くなり、弱い者は淘汰されていくのが当然だという発想に基づいています。その意味では、まさに新自由主義的だと言っていいでしょう。もっとも、新自由主義も実はご都合主義で、本当に強い者をどこまで厳しく選別する構えがあるかは、ちょっと別問題ですね。トランプの新自由主義は、あくまでも、自分が好きなものは強いとみなすという新自由主義ですが、新自由主義と言われる考え方それ自体が、そもそも内在的にそういうものなのかもしれない。つまりは、新自由主義と呼ばれている考え方こそ、究極の公私混同主義なのかもしれません。

佐高　本当は、新自由主義という呼び方に、私は抵抗があります。浜さんの見方からすると、公私混同ファシズムの一形態という気もしてくる。

ただ強いものが勝つというのは、弱肉強食の原始的な形態ですよね。「新」なんて付ける必要はなくて、「旧」自由主義だと思うんです。新自由主義の権化とも言える竹中平蔵の考え方なども、旧自由主義そのものですよね。

浜　そのとおりだと思います。ただ、さらに遡って考えれば、自由主義とはリベラリズムですよね。かつてリベラルと言えば、革新に限りなく近い響きを持っていた。竹中氏はこのジャンルには入らない。

自由主義者はかつては弾圧されたわけじゃないですか。魂の解放とか言論の自由とか貴賤の差別なく意見を持つ自由とかを提起したのが本来の自由主義ですよね。つまり、伝統的な意味でのリベラリズムとネオ・リベラリズムは、まったく別物のように思います。

いま、いわゆる新自由主義者と言われる人たちがやろうとしていることは、どうも、生きる権利という本源的な自由を特定階層の人間に限定して認めることであり、万人の生きる権利を平等に保障するという考え方を否定しにかかっているように思う。その意味で、新自由主義は限りなく全体主義に近く、ファシズムととても相性のいい言葉なのではないかと思うのです。

トランプだって自由を主張するけれど、やっていることは非常に強権的で、自分の気に食わない者は次々に排除していく。自分の前に立ちはだかりそうな者を蹴散らかしていく。自分にけちをつける者は踏みつぶしていく。この行動様式のどこにリベラリズムがあるのか。そこには、本来の意味での自由主義の欠片もないと思います。ポピュリズムについてと同様、リベラリズムという言葉についても、しっかりした整理が必要ですね。

佐高　いわゆる新自由主義では、規制緩和を、規制からの自由と見なすわけですが、その規制というのは、つまり強者を規制し、あるいは王に始まる権力者を規制して、一般の人々を自由にするというルールだったはずです。

それなのに、今度は大衆が得ていた自由を潰して排除する。これは排外主義であり、統制主義であり、全体主義です。

浜　そう、規制緩和は一体誰のためなのか。強権を民主主義的くびきから解放するための規制緩和？　このへんの見極めが本当に重要ですよね。いまは、「新」自由主義と「真」自由主義の闘いの場面なのかなという感じがしています。それだけ、真自由主義とは何なのかを明確に見定めていくことが求められるわけですね。

厚生経済学と公共経済学

佐高　宇沢弘文《うざわひろふみ》さん〔一九二八―二〇一四。経済学者。公共経済学の立場から、様々な社会問題に対して発言した〕などが唱えた公共経済学がありますよね。その公共というものを、新自由主義は食い尽くしていくでしょう。公共経済学というのは元を辿ればどのあたりから生まれてきたんですか。

浜　公共経済学は、公的部門が経済活動の中でどういう役割を担うのかということを分析する領域です。私は、そのことと厚生経済学というもう一つの領域との関係が大きいと思います。厚生とはすなわち人民の生活を豊かにすること、英語で言えばwelfareで、福祉という概念に繋がっていきます。経済活動が人間を幸せにするためには、政府部門はどう行動すればいいのか。そこを追求することに公共経済学の軸心があるのだと思います。

宇沢弘文氏

　おちょこ一杯の酒で満足する人も、三升飲まないと満足しない人も、常に満足。そして、三升酒の人が自分の満足度を高めるために、おちょこ一杯の人からその一杯を奪うことは決してない。つまり、均等割りではない。だが、誰もが完全に満足。この状態は厚生という観点から見ればパーフェクトな状態です。この厚生が満たされている状況を保つために公共がある。このような観点から、公共経済学と厚生経済学の関係を整理することができると思います。

放っておくと、力の強い者が自分の満足度を高めるために、弱き者、小さき者からそのささやかな満足さえも奪い取ることになりかねない。そんなことにならないように、気配り目配りするのが政策という名の外付け装置で、この外付け装置の機能の仕方を分析するのが公共経済学だ。このような関係になると思います。

佐高　なるほど、厚生をもたらすための公共の役割という関係なんですね。

私は、宇沢さんの「自動車の社会的費用」という問題提起に感ずるところが大きいんです。つまり自動車は、公共財であるはずの道路を我が物顔で、半ばタダで使い、市民的権利を侵害しているという観点です。それを私はもう少し露骨な形で、ミサワホーム社長の三澤《みさわ》千代治《ちよじ》から聞くことになるんです。

私は彼を若い頃から知っていました。ミサワホームはトヨタに乗っ取られるんです。トヨタホームにです。豊田家は一代一業といって、自分の代で一業起こすことになっている。豊《とよ》田佐吉《だささきち》が織機、喜一郎《きいちろう》が自動車、そして孫の章一郎《しょういちろう》の時代が住宅産業です。ところがトヨタホームは全然芽が出なかった。それでミサワホームに目をつけて乗っ取ろうとするんです。三澤はその時に、トヨタの番頭である奥田碩《おくだひろし》に呼ばれる。経団連会長ですね。「会社を譲ってほしい」という話をされた三澤は、「住宅は自動車を作るようにはいかないですよ」と答える。なかなか面白いオッサンなんです。「だいたいトヨタは何人の人を殺したんですか」と言ったそうです。それで奥田がカッときて物別れになった。ミサワホームにその会談を仲介したのは竹中平蔵です。どういうことかと言うと、ミサワホームに竹中平蔵の兄貴がいた。それがミサワホーム東京の社長をしていた。

トヨタの「公道私物化」

浜　それはいつ頃の話ですか。

佐高　二〇〇五年頃だったと思います。物別れになった時に三澤が言ったのは、「トヨタは自動車の速度を一定以上出ないようにリミッターをつけることもできるはずでしょう。それをつければ事故死がかなり減ったんじゃないですか。でもそうしたら、いまのトヨタの利益はふっ飛びますよね」ということでした。それで奥田が怒って、その後かなり無理なかたちでミサワホームを支配下に入れてしまう。

三澤がいろいろ訴えるんだけども、トヨタは広告主としては大スポンサーですからどこのメディアも取り上げない。それで昔から知っている私のところに電話がかかってきて「『週刊金曜日』なら大丈夫でしょう」ということになり、『金曜日』で私が三澤にインタビューしたんです。どのメディアにも発言が載らないうちに、会社を乗っ取られ、創業者の三澤は追放されてしまった。自動車にリミッターをつけるという発想、あるいは宇沢さんが言った「道路は公共財である」という観点が完全に忘れられて、トヨタの利潤追求が続いている。

浜　「公」対「私」の攻防に関する、とても象徴的なお話ですね。

佐高　私もそう思っているんです。トヨタの生産方式であるカンバン方式というのは、道路を倉庫代わりに使うやり方なんですね。「ジャスト・イン・タイム」と言って、必要な時に必要な部品を供給すると称して、トヨタは自分たちの生産ラインのことだけを考えている。下請けは一五分前に来ても入れない。何分前に自分のところに必要な分だけ持ってこいと言われてしまう。だから下請けの車が道路上に並ぶ。

それを私が批判したら、システム工学者の唐津《からつ》一《はじめ》〔一九一九―二〇一六。東海大学名誉教授。松下通信工業常務、松下電器産業技術顧問などを歴任。一貫して日本の技術力の高さを評価した〕が「何も知らないで」と反論してきた。すると豊田市の近隣の住民が、「唐津のほうこそ住民の迷惑を知らないくせに」と再反論した。かつて「東洋経済」でそういうやりとりがありました。公共というものを、私はその時くっきりと見た気がしました。

浜　いまは政治という公共財の私物化が横行しているわけですけど、トヨタの例は道路という公共財を一私企業が私物化するということなわけです。いずれも強者が力を濫用する姿ですよね。実を言えば、こうした力の濫用を阻《はば》むためにこそ、公的なものがある。政策は強者のごり押しから弱者を守るためにある。ところが、その政策が強者の使い走り役になりさがる。さらには、政策そのものが強者たらんとする者たちの私物化の対象となる。そんな状況になっているいま、公共経済学は改めて厚生確保の視点からもっと存在感を強めるべきなのだと思われます。

この一連の話は、公共サービスの民間委託というテーマにも関係してくると思います。「民間でできることは民間で」と言い出したのは小泉首相でした。あの時から公共サービスの民間への丸投げ委託というやり方が多用されるようになりましたね。公共サービスの公共性を担保する枠組みが破壊されてきた。その行き着く先が公私混同群団による公共性の私物化です。公私混同群団の中で、政策の公共性を忘れた政治家たちと、企業の公共性を忘れた経営者たちが悪代官・越後屋関係で抱き合っている。

東芝問題は粉飾決算と言え

佐高　だからこそいま、具体的な企業への具体的な批判が重要なんだと思います。高速道路の制限速度が八〇キロであるなら、それ以上の性能は本当は必要ないわけでしょう。だからリミッターをつけて八〇キロ以上出せないようにすればいいんです。しかしそれは自由じゃないとトヨタ側は言う。そういうかたちで自由という概念が使われてしまう。安全性を考えて、八〇キロ以上出せないようにすればいいと言う三澤に対して、それこそが規制だというかたちで「新自由主義」陣営が叫ぶ。特区という考え方もそうですね。
浜　岩盤規制という途轍もない言葉がある。これはメディアがまたよくないですね。チームアホノミクス関連メンバーが勝手に岩盤規制と言っているのを、今度はメディアが「岩盤に踏み込んでいない」などという書き方をするのはけしからんと思います。
　高速道路の制限速度の例で言えば、まさに「八〇キロを守れ」と言っているほうが岩盤だということになってしまっている。このあたりの認識のし直し、概念をめぐる徹底した闘いが必要ですね。
佐高　岩盤規制ということをメディアが口移しで言うことと、東芝問題を不適切会計と、およそ及び腰にしか言わないのは同じことです。ちゃんと粉飾決算と言えよ、と思うんです。小さな会社に対してだとすぐに粉飾決算と言うくせに。
浜　巨大企業だと粉飾決算とは言わないわけですよね。岩盤規制という言葉を使った時から、「真っ当な規制」というものが「旧弊としての制約」という意味に置き換えられてしまうようになりました。
　規制にはそれができた理由というものがある。弱い者を強い者から守るために規制というものがある。

そういう意味ではチームアホノミクスの面々は、憲法だって岩盤規制だと思っているんじゃないですかね。憲法とはいちばん強い者を抑えるためにあるものだから。究極の岩盤規制が憲法だと認識している可能性が大きい。驚くべき偽自由主義です。驚くべき非人間主義です。

そう言えば司法判断の中にも自由という言葉が変な格好で使われているところがある。労働法の成立に向かって労働者たちが闘っていく時、資本家とべったりくっついている議員たちが「労働者から働く自由を奪うな」という言い方をしていた。長時間労働の規制、労働時間の上限を設定する攻防の中で、「彼らには働く権利があるではないか。彼らから賃金を得る機会を奪うな」という論理が出てきて、一二時間労働規制などというものは岩盤規制だと言わんばかりのことが主張された。

佐高　私のゼミの先生だった峯村光郎《みねむらてるお》は労働法と法哲学が専門だったんです。労働法はつまり社会法です。公法と私法の間に社会法は出てくる。だから私法的に言うと契約自由の原則という話だけれども、それでは経営者がやたら強いからそれを規制して労働法が出てくるわけです。ところが社会法ということを忘れて、つまり契約自由だという話に持っていく。そこには社会、公共がまったくない。

本当の平等とは何か

浜　そういう意味では社会法というのは、私的活動の中にも一定の公共性に基づく制約があってしかるべきだという考え方ですよね。

佐高　そういうことですね。峯村光郎は公労委（公共企業体等労働委員会）の会長なんかをやった人で、私が教師を辞めて雑誌の編集者になった時に、日産の川又克二と対談してくれと頼んだことがあるんです。すると、「労働者を苛《いじ》めていまの地位に上がった人とは対談したくない」と言われました。ああ、なるほど、そういう信条は変わらないんだと思いました。

その先生に言われて忘れられない言葉に、「平等なものは平等に、不平等なものは不平等に扱うのが平等だ」というものがあります。のっぺらぼうの平等は、実は不平等を隠してしまうという意味ですね。

浜　それがトランプですね。トランプが自国の保護主義を批判された時に言うのは、あんたらが関税を下げるなら俺も下げるけれども、あんたらが三〇％の関税を課するなら俺も三〇％課す、これでフェアだろう、という論法です。これがまさにのっぺらぼうの平等にほかならないと思います。

アメリカや日本のような経済大国が一〇％関税を下げるのと、貧困にあえぐ弱小国が一〇％関税を下げさせられるのとでは、影響が大違いです。強者と弱者では扱いが違って当然です。つまり、不平等なものは不平等に扱われるのが当然。ですが、トランプは違う。あくまでも一〇％対一〇％が平等なのだと言い張り続ける。

佐高　政治家はきっちりと社会の不公正の現状を見て把握しないといけない。どういう時代にも通用する平等のモノサシなんて、なかなかないわけですから。

浜　形式平等がもたらす不平等を排除しなければいけない。いまの日本のように、超豊かな社会の中にだんだん暗さを増す貧困のブラックスポットがあるという状態において、本当の自由主義、本当の平等性、本当の公共性を守るためには、実はどういう不平等を確立する必要があるのか、どういう力に対する規制が必要なのかということを考えるのが政策の仕事のはずです。

しかしそういう領域とはまったく別な、すべてを私物化しようという発想で考えている集団がチームアホノミクスだということです。

トランプなんかもそうですし、世界のいろんなところでそういう発想を持つ者が政治の中央舞台に出てきてしまう時代環境になっている。

佐高　一見豊かに見える社会の中でこそ、貧困はより身に染みて感じるわけですよね。非正規というのは、つまり月給が上がらないことでもあるわけでしょう。日本では若い人の半数くらいが非正規になっている。

浜　全体平均で四〇％が非正規だから、若い人のほうがよりその比率は高いと考えて間違いはないと思います。五割以上かもしれません。

佐高　そもそも非正規という言葉自体も問題がありますよね。同時に正規労働というのもおかしい。

「非正規」という差別語

浜　非正規というと、いかにも裏の稼業みたいな印象です。雇用形態が違うだけであるのに、この響きは、差別語と言ってもいいかもしれません。それと、「正規」というのは日本語に固有の表現ではないでしょうか。英語では、雇用形態についてテンポラリー（一時的）とかリミティッドターム（期間限定）というような表現は使っても、オフィシャル（正規）とかアンオフィシャル（非正規）という言い方はしない。

非正規というアングラな感じのする表現で、お前らは正規の存在ではない、と言ってるんですから、まともな扱いをしてないのだと宣言しているようなもの。

佐高　客室乗務員を契約社員にする航空会社が出てきています。非正規というのは契約社員やアルバイトということでもある。しかし、客室乗務員は安全要員でもあるんです。安全要員は契約社員やアルバイトにさせてはいけない仕事です。だったらむしろ社長をアルバイトにしろと私は書きました。何も仕事してないし、社長こそアルバイトで間に合うと思う。非正規を使い捨てる構造がこのまま続くと、非正規がいっそう常態化していくと思います。

浜 非正規だから正規の扱いをしなくていいという方向感が見えてきている。多様な働き方とか言っているところにもそれが表れている。多様な働き方を容認しようと言う時に、正規と非正規という仕切り線を設けるというのが変ですね。組合も非正規というのは差別語ではないかと問題にすればいい。

佐高 非正規が社会全域に広がってきた過程を、浜さんはどう見ていますか？

浜 バブルの時代は非正規は二〇％未満だったと思います。バブル崩壊後に圧倒的に増えてきた。九〇年代に入って急増し、後にいざなぎ超えの景気拡大と称されバブル後遺症から一応脱したと言われるようになった二〇〇四年あたりから三〇％を越えるようになってくる。

これは豊かさのなかの貧困問題にも繋がると思うんです。グローバル化という時代の流れに日本が乗って、勝ち組になろうとする必死の構えの中で、なるべく安く効率的に労働力を活用するという考えが企業の中に定着してくる。そこから使い捨て、選別が生まれてきて、成果主義という言い方も二一世紀に足を踏み込む頃から使われるようになる。

そして二〇〇八年頃の『蟹工船』が爆発的に売れる時代に突入していったんですよね。『蟹工船』ブームは、非正規使い捨ての時代的風景が極まった結果の現象だったと思います。

佐高　大きなスパンで原理的なことを言いますが、一九五五年に生産性本部というのがアメリカから入ってきて、日本における生産性向上運動が始まる。生産性向上運動は、本家のアメリカも驚くほど日本で隆盛を極めるんですが、そこに組合が取り込まれていく。その時、非正規の芽が胚胎したのではないかと私は見ています。

平均値主義が格差を隠す

浜　生産性向上運動に組合が加担していくという構図ですね。

佐高　ええ。生産性向上運動は自発的に品質改良などに取り組む課外活動を奨励し、そこに組合側、ないし革新側のサークル運動なんかも吸収されていくんです。そして労働時間という、労働運動において決定的に重要な概念が曖昧にされてしまう。その先に登場させられるのが非正規だったのではないか。そしてそれ以降、組合は大多数の正社員の権利しか顧みず、非正規の存在にはほとんどまったく向き合わなかった。

もう一〇年以上前になりますが、「日刊ゲンダイ」の新年号で経済学者のJ・K・ガルブレイス［一九〇八―二〇〇六。アメリカの経済学者。現代資本主義を独自に解明し、ルーズベルト、トルーマン、ケネディ、ジョンソン各政権のアドバイザーを務めた］と対談をやったんですよ。ガルブレイスは敬愛していたんですが、まるで話が噛み合わないのね。なぜ合わないかというと、ガルブレイスは日本はうまくいっているじゃないかと言うんですよ。

　トヨタや松下はこれほどまでに社員を大事にしなくてひどい会社なんだと私が訴えても、「いや、全体としてはうまくいっている」とガルブレイスは言う。最後まですれ違いで、ちょっとショックを受けたことがあります。

浜　ガルブレイスが「うまくいっているじゃないか」と言うのは、何がどううまくいっていると思っていたんですかね。

佐高　平均すればうまくいっているじゃないかという感じでした。でも平均されても困るというのが私の思いでね。彼も老いたのかなという感じがしました。ガルブレイスは公共や社会を考えていた人のはずですよね。

ジョン・ケネス・ガルブレイス氏

　星野芳郎《ほしのよしろう》さん［一九二二―二〇〇七。東京工業大学卒。内閣技術院技事官補、文部省科学官補などを経て、民主主義科学者協会の設立にかかわる］という技術評論家がいて、羽仁五郎《はにごろう》［一九〇一―一九八三。歴史家。自治体を拠点とした抵抗を説く『都市の論理』は、大学紛争下の学生に広く読まれた］の『続・都市の論理』（技術と人間）の対談相手を務めていたりもする人なんですが、昔インタビューしたことがあります。星野さんは、平均値主義というのがあると言う。狭いスペースの中に生き物を入れて、空気を絶えず入れておくと生存しているわけですよね。だけど空気を入れないで少し放っておくとあっという間に死んでしまう。でも、空気を入れている時間と入れなかった時間を足して2で割ると、平均的に空気は入っているから、大丈夫だと考える。それが平均値主義だと。

平均値主義というのはそういうものだということをその時に聞いて、ずっと忘れられないんです。しかし人間は平均値主義ではだめなわけでしょう。平均値の安全を考えていたのでは、弱者は死んでしまうということです。

浜　ものすごい格差がある中で平均値を取ると、とんでもない不平等が隠蔽されてしまいますよね。

佐高　逆に極端な貧富が肯定されてしまうことにもなる。

浜　日本はいま、どんどんそういうふうになりつつある。チームアホノミクスはその方向を力の限り助長していると思います。平均値主義の中の一億総活躍であり、生産性向上要員としての非正規雇用の使い捨て。

新しい企業の誕生

佐高　非正規という存在に対しては、公共ということから考えないといけないと思います。その権利を奪われた状態を放置しておいて、彼らに子どもを持てと言っても持てるわけがない。

　では企業社会の中に希望はないかと言えばそうでもなくて、儲けだけでないものを考える企業はわずかながら出てきている。そういうところに焦点を当てることが必要になってきたと思います。

　買い物難民救済のために始まった移動スーパーの「とくし丸」は、オイシックスという会社に譲り渡したそうです。社長の住友達也《すみともたつや》がいつまでも働いていたくはないとか言ってね。その時、いろいろな企業が来たそうです。三菱商事も来たそうです。しかしみんな、条件の話ばかりするというんだね。それで住友氏は嫌になった。オイシックスの社長は高島宏平《たかしまこうへい》といって、神奈川の聖光学院を出て東大工学部に入って、マッキンゼーに行って経営を学んだ。食物のインターネット販売をやってきたんだけど、有機とか土を大事にする人なんです。住友氏に「社長はいままでどおり、あなたがやってくれ。そうでないと変に儲け主義になるから」と言ったそうです。カネだけじゃなくて大事なものを届けることに意味を見出す。環境への配慮を心がける。そういう新しい企業が注目を浴びて広がるといいなと思うんですけどね。

浜　いまのような公共財の私物化がどんどん進み、人の使い捨てが何とも思われないような状況の中では、そういう会社が増えていく状態にはなかなかなりません。でも新しい発想の会社というのは、新しい経済、新しい社会の突破口になっていくんだろうと思いますね。

佐高　本当は会社というのは社会や公共に奉仕するかたちで発展してきたはずなんですよね。だからそこに戻るということでもある。

浜　会社が始まる前に社会があった。会社を裏返せば社会になり、社会を裏返せば会社になる。これは決して偶然だと思えない。社会と会社を切り離して考えてはいけないよ、そういうメッセージがこの「逆さ読み双子関係」というかミラーイメージ関係の中に込められているのだと思います。社会と会社は、どうか、二人三脚でお進みください。

佐高　私なんかは「日本には会社があって社会がない」と言い続けてきたんですが、いまは会社の社会性と、社会の会社性つまり経済的側面、その両方を大事にしていかなければならないと思います。

「社会の子」としての労働者は誰もが対等でなければなりません。正規・非正規というのは会社中心の考え方ですよね。ひっくり返して社会ということを考えると、正規・非正規という区分がいかにおかしいかがわかる。そこを発想の突破口にして、いまの組合よりずっと豊かな社会的繋がり合いをつくっていかないと。

報道の自由度七二位

浜　企業というものに公益性、公共性、社会性がなくていいのかということです。「企業は社会の公器である」と言ったのは、松下幸之助でしたっけ。言っていることはそのとおりなのだから、そう思っているならそのように振る舞ってもらいたいものです。

ところで、実に気になることに、アホノミクスの大将が、働き方改革実現会議の場で「非正規という言葉をなくしたい」と言っています。この意味するところは何か。一見すれば、何やら我々が言っているのと同じことを言い出したではないか、という印象を受けますよね。ここで当惑してはいけない。よく考えれば、チームアホノミクスが非正規雇用撲滅を掲げるのも当然です。なぜなら、彼らは正規も非正規もない労働形態の世界を目指している。「柔軟で多様な働き方」を実現したいわけですから、いわば全労働者が非正規雇用者になることをイメージしている。そう言えば、竹中平蔵が実際にそのようなことを言っていた時期がありましたよね。みなさん、フリーランスの渡り職人になってください、これがお薦め路線です、と。そして、そうなれば、確かに正規も非正規もなくなるわけです。誰もが、働く人々を守るための法制度の枠組みの外に追い出されてしまう。

佐高　ただ、繰り返しますが、批判の主体としてのメディアが頼りない。アホノミクスが繰り出してくる言葉にすぐ踊り、すぐ乗ってしまう。そのあたりに報道の自由度七二位のお粗末さがすごく表れている。去年も七二位で、今年も七二位でしょう。テレビ朝日の『朝まで生テレビ！』に久々に出てそのことを話したら、百田尚樹が「それは国境なき記者団とかいうフランスの変な奴ら（の評価）でしょう」と言うんです。

浜　変な奴に変呼ばわりされるのは変じゃないということだと思いますが。

佐高　言葉づかい一つとっても、メディアが政権の誘導にすぐ乗ってしまう。盗聴法の時も、政権側からその言葉は使うなと言われたら、次の日からいきなり盗聴法と言わない。あの時もあきれましたが、そういうことに対する批判的な振り返りが見られません。

浜　本当に由々しきメディア状況です。

佐高　言葉はイメージを決めてしまうから、そこに鈍感なのは致命的だし、それが七二位の七二位たる所以なんでしょう。

浜　よこしまな意図をもって作られた言葉を、あたかも公共性のある言葉のごとく採用してしまう。これでは公共性のある言葉を私物化している人たちの餌食にされる。これはジャーナリズムに絶対許されないことです。ジャーナリズムこそ最大の公共性を持つ存在であるべきですものね。

喧嘩腰が必要

佐高 神奈川新聞の「時代の正体」取材班というチームが、安保法制を追っかけたりしている。内容が評価されて、JCJ賞（日本ジャーナリスト会議賞）を貰ったんです。そのこと自体に異論はありません。

ただ私が違和感を覚えたのは、つまり、神奈川県は甘利《あまり》明《あきら》がいて菅義偉がいるところです。菅は、市会議員から国会議員になるときに創価学会と敵対する選挙をやって、自民党本部が大丈夫かと心配するほど激しい学会攻撃をやって当選している。対立候補は学会出身の人だった。

それでいて、いまは公明党と極めて仲良くなっているわけでしょう。地元である神奈川新聞は、そこを突いてくれよ、と。それから甘利明が今日はどうしているかを、「今日の甘利明」という欄を設けて、それだけ書いてもいい。そういう、ある種泥臭くて地元に根を張ったテーマを追求すべきだと私は書いた。

「時代の正体」はたしかに闘っている。でも足元でも闘わなきゃ画竜点睛を欠くというものです。地方紙の先鋭的な記者ほど、大きい問題に向かう。そうじゃなくて足元にあるものが大きい問題に繋がる、その道筋を示してほしい。甘利明なんて、金銭授受で閣僚を辞任しましたが、すっかり復権しちゃったわけでしょう。そういう面では地方紙の責任は大きい。

浜　ウォーターゲート事件だって、一見すればちょこっとした不法侵入事件に過ぎない出来事が突破口でした。小さいことでも、これは何か変だと思うところから、大疑獄を暴くに至った。権力が「ないふり」をしている事実を暴いていくのがジャーナリズムの社会的役割です。

みんなが一つの大きな問題に鈴なりになっていて、かつ、それはだいたい知れ渡っていることだという、そういう傾向がいまのジャーナリズムにはありますね。その背後にそれを隠れ蓑にして存在する、もっと本質的に怖いこと、それを探る姿勢がほしいですよね。

それといま、喧嘩腰というのが必要です。野党もジャーナリズムもです。幼児的凶暴性の喧嘩腰とは違って、大人の迫力のある喧嘩ということですけど、それを常に挑む構えがなくなっている。

喧嘩腰という社会的空気がないと、諸々のことを私物化してくる動きが頭をもたげやすい。忖度という気味の悪いというか、もともとは気味が悪くないのに気味の悪い言葉になってしまったものが、横行する。全体に畏縮していますよね。

佐高　ジャーナリズムの側が、変に自分たちは中立であろうと意識しているからそういうことになる。中立というのはあり得ないわけでしょう。

「偏っていること」を自覚する

浜　中立なんて糞食らえと、ジャーナリズムは本当は言わなければいけない。

佐高　この間小倉で講演した時に来ていた「朝日新聞」の記者が、若い人の感性ということかもしれないけれど、私の話の中から、「偏っていないということは生きていないということだ」というところを書いていた。たくさん喋った中で、そこだけピックアップしていた。この記者には伝わっていると思いましたよ。各地に時代と真に向き合う記者がいることはいるんだけど、「朝日」なんかは上のほうがすっかり及び腰になっている。

浜　「偏っていないということは生きていないということだ」というのは、まったくそのとおりだと思います。それは偏るということの意味と、自分がどういうふうに偏っているか、どういう観点からものを言っているかがよくわかっている人の発言であるわけです。本当に偏ってしまっている人は、それがわからないわけで、自分は偏っていないと思っている。「偏向している奴らめ」みたいなことをよく排外主義者が言ったりするじゃないですか。その違いも明確にしないといけない。

「私は偏っていますよ」と言える人は、自分が何を言おうとしていて、それとまったく違うことを言っている人が存在しているということをわかっている。それが公平を期するという態度ではないか。偽自由主義者にはその観念がないと思う。

やはり、すぐ喧嘩できる構えで常にいるということです。その構えがあれば、相手の言うことを集中して聞くことにもなる。一言一句も聞き落とさないぞという構えで聞くのは、やはり喧嘩腰の相手ですよね。

佐高　そうですね。改めての喧嘩宣言ですね、我々のこの対談集は。

浜　ええ。大人の喧嘩を楽しもうという、喧嘩への招待でもある。

ところで、平等ということとの関係でもう少し言えば、公正貿易、フェアトレードというものがあります。一つの社会運動と言ってもいい。フェアトレードにかかわっている人たちの基本的な発想としては、フェアチャンスを与えられない人たちのために経済を開放しようということがあります。フェアトレードという言い方をするのは、弱き者がアンフェアに取り扱われているということへの怒りが、その言葉の中に滲《にじ》んでいる。

トランプ流のフェアとはまったく違う。先ほども話題になりましたが、彼が言うフェアは非常にアンフェアなフェアですね。強い者がいかんなく強さを発揮できるということをフェアだと彼は言っているわけで、弱き者が特別扱いされるのは彼の目から見ればアンフェアなんですよね。だからフェアトレードなんてアンフェアだと言うかもしれない。

それに対しては、「そうですよ、アンフェアなんですよ」とはっきり言う。アンフェアに扱われている人たちのために、あえてその人の肩を持つんですと言う。これも喧嘩的発想に通じるでしょう。どちらの肩を持つのかということですからね。

中立というと、どちらの肩も持たないということで、これがフェアだとは到底言えないと思います。そういう「公正なき公平」に対して闘うという姿勢がフェアトレードの観念にはあると思う。それは、公共性を守るためにも弱者救済のためにも、重要な社会的機能を果たしていると言えるでしょう。

河野謙三・元参議院議長

稚拙な怒りへの対処法

佐高　政治の世界では、元自民党の河《こう》野《の》謙三《けんぞう》［一九〇一―一九八三。神奈川県出身。参院議長を二期務めた。農相、建設相などを務めた河野一郎は兄。外相、衆院議長・自民党総裁などを務めた河野洋平は甥にあたる］という参議院議長だった人が、「七三の構え」と言った。野党に七、与党に三。与党はもともと強いんだからそちらを重視するんじゃなくて、野党を七の力配分で重視するということを表現したんです。これはかつての自民党が持っていた奥行きでもありますよね。

浜　立派なことを言う人もいたのだと思いますね。

佐高　河野謙三の「七三の構え」というのは、芸者が人力車に乗る時に、帯が邪魔にならないように七三に構えるというのが由来でね。

浜　なるほど色気のある構えなんですね。弱き者にはより大きなチャンスを、声の小さい者には声を上げるチャンスをより多く与える。それは民主主義の原点ですね。

佐高　トランプ的な意味でのフェアというのは、既存の弱肉強食の肯定でしかない。それを武谷三男《たけたにみつお》［一九一一—二〇〇〇。理論物理学者。湯川秀樹らと共同研究を進めた。原子力平和利用の三原則草案を発表。公害反対運動にも影響を与えた］という物理学者は「特権と人権の違い」と言いました。

浜　それもすごく上手ですね。チームアホノミクスの拙《つたな》き言葉の政治に対して、我々は華麗な言語感覚で攻め込んでいかなければいけません。

佐高　特権を制約することで人権が守られる場合もあるわけで、そこを彼らはいちばんギャーギャー言うわけですね。

浜　安倍首相は、自分が発言するとすぐに批判的に突っ込んでくる敵対勢力がいるから許せない、という姿勢を取りますね。総理大臣なんだから格別袋叩きに遭うのは当たり前です。そういうことが彼らは全然わからない。トランプも「俺が何か言うとみんな騒ぎやがって」みたいなことを言うんだけど、そういう立場にいるんだから当然なんです。与党が国会で集中攻撃に遭うのも当たり前中の当たり前。
　こういう当たり前の感覚すら欠如した相手に我々は喧嘩を仕掛けているということを意識しておかないといけません。真っ当な相手とやっているとは思ってはならないということです。

佐高　自民党でも、かつての首相はそれくらいはわかっていたと思います。「新聞記者は批判するのが仕事だ」くらいのことは言っていたわけです。

浜　怒ることはあるでしょうけど、すぐに個人攻撃されている気になってブチギレするのはやはり稚拙ですよね。そういう稚拙なるものとやりあっているということを認識すれば、もっと別の闘い方があると思います。やっぱり笑いが有効か。

佐高　『朝生』の時にあえて言ったのは、「週刊誌ごとき」という意見に対して、ふざけるなと。週刊誌だって責任を持って書いているのであって、それを「週刊誌ごとき」という言い方をするのは、かつての安倍首相と同じです。

浜　加計学園の問題で、特区の扱いについての議論の中で安倍首相が、「特区はそもそも旧民主党政権で一生懸命やられていたことで」とか、全然関係ないことを言ってはぐらかそうとしていましたね。この種の筋違いを恥ずかしいと思わない。ここが幼児性ですね。
　あの時、野党はなぜ、「あなた、そんなこと関係ないでしょう。大人であるならちゃんと脈絡のあることを言いましょうね」と言わないのかなと思いました。

佐高　喧嘩なれしてないのでしょう。先ほど浜さんは「大人の喧嘩を楽しもう」と言われたけれど、たしかに社会運動というのは真面目で辛気くさいばかりのものであってはいけない。高らかな哄笑《こうしょう》とともに、より豊かに生きるための闘いに取り組みましょう。

第七章　「奥行きのある大人」になるために

経営者から教養が消えた

佐高　また昔話かと言われるかもしれませんが、私は業界誌の記者時代に様々な企業トップに取材に行きました。話し込むとみんな、斎藤茂吉《さいとうもきち》なんかを読んでいると言うんです。私より読んでいる。文学のことで話が合って、また会うなんていうこともありました。新日鐵の副社長だった飯村嘉治《いいむらよしはる》さんは歌人でもあって、戦時中に憲兵から呼び出されたことがあるんですね。数字を正直に書くなということで。そういう時代のことも歌に残しているんです。かつての経営者には、そういう奥行きのある教養人がいた。

浜　奥行きというのは人間にとって重要ですよね。

佐高　いまの経団連会長の榊原定征《さかきばらさだゆき》なんて、本の話をしても一分ももたないだろうと思う。

浜　権力欲ばかりで、ぺらぺらの紙。つまり奥行きゼロ。

佐高　政権にくっついてさえいればいいという頭しかない。

浜　前回の対談集で、経営者から人文的なものがなくなってきているという話をしましたね。リベラルアーツというのは、まさに人間的な奥行きの基盤になるもの。その辺りがいまの経営の中で否定されてしまっているようです。経営者たるものがそんなことにかかずらっていてはいけないとか、人文センスがあるというのは経営者として軟弱であるみたいな、そういう雰囲気が彼らから伝わってくる。

佐高　最近、『週刊現代』でリクルート事件の頃を振り返る話をしたんですが、当時、リクルート社長の江副浩正《えぞえひろまさ》〔一九三六―二〇一三。リクルートを創業し時代の寵児となったが、リクルート事件で贈賄により逮捕された〕は、小説を読んだことがないと言っていた。それは人間を知ろうという行為に興味がないということでしょう。私は江副にインタビューしましたが、彼とじっくり話したいとは思えなかった。

先ほどの飯村さんはもう亡くなったけど、息子がカメラマンで、煙突の上に上って写真を撮る変わった男なんです。その息子によると、「左なんだ」とか「過激なんだけど」とか言いながら、私のことをよく話題にしてくれていたそうです。飯村さんに面会を申し込むと、「君はウチの悪口を書くからな」と言いつつも、一回も断らなかった。面白がるんですね。歌人だからか人間に対する深い興味があった。

浜　リベラルアーツ的な奥行きをもっているということは、ゆとりがあるということですよね。トランプとかアホノミクスの大将にはゆとりがまったく見えない。

佐高　私はリクルートが事件を起こす前に「リク

江副浩正・元リクルート社長

ルートの理念なき膨張」という文章を書いたんです。するとリクルートで食っていたマスコミ人がけっこういて、凄まじく叩かれました。「カマトト評論家」と書かれた。あいつは青臭いことばかり言っていると。

その時に思ったんですけど、リクルートは、広告と情報の区別をなくしちゃったんですよね。私が江副に「広告は情報じゃないでしょう」と尋ねると、「広告も情報ですよ」と答えるんです。そこがまさにメディアの転換点だったんだと思います。広告と情報の区別をなくしたということは、そこで批判精神というものをなくしていったということになる。

浜　いまや一部メディアは政府の広告をそのまま書いているみたいな感じになっている。官報のようなありさまです。広告をやっている側が、あえて広告と情報の区別がつかないように工作するというのはまだわかりますが、報道の側がその識別がつかなくなっているとしたら、これほど怖いことはないですね。

『噂の真相』を愛読した城山三郎

佐高　江副はリクルート事件が起こる前に、「リクルートは電通や朝日新聞を抜いて、日本一の情報産業になる」と言いました。電通はともかく、朝日新聞はそこで並べられてしまったことをどう感じたか。

浜　同業者だと思われたわけですね。最悪。

佐高　朝日はそれを恥じたか。皮肉を言えば、その時江副は朝日の没落を見越していたのかもしれない。

西村正雄《にしむらまさお》という人がいました。安倍晋太郎の異父弟にあたる人です。日本興業銀行のトップになった人で、私は何回か会ったんだけど、いちばん驚いたのは毎月、反権力雑誌の『噂の真相』を読んでいると言うんですよね。びっくりしました。世の中の動きを、上澄みだけで捉えずに、アングラ的、ゲリラ的視点からも取り込もうとする。そういう人だから、小泉の靖国参拝に対して反対だとはっきり雑誌に書くこともありました。この人が健在の頃は安倍は靖国参拝を言い出せなかったんです。残念ながら亡くなってしまって、それから安倍は参拝した。

西村正雄・元日本興業銀行頭取

　西村さんは安倍の周りにはろくな奴がいないということを心配していて、私にも手紙を何通かくれたんです。ぜひ晋三に会って忠告してくれと、そういうことを言う人でした。『噂の真相』はご存じのとおり、いわゆるエスタブリッシュメントからは毛嫌いされる雑誌でしたよね。東京高検検事長の則定衛《のりさだまもる》の女性スキャンダルをすっぱ抜いて、それを朝日がちゃんと『噂の真相』によると」と書いた。私も連載していましたけれど、西村さんが読んでいると聞いて、『噂の真相』は一つのリトマス試験紙なんだなと思いました。西村さんみたいな人はほんとに少ないですけどね。

もう一人、意外なことに城山三郎さんが『噂の真相』を毎月読んでいると言ったんです。「どういうきっかけで読み始めたんですか？」と訊いたら、大岡昇平《おおおかしょうへい》［一九〇九―一九八八。小説家。自らの戦争体験を『俘虜記』『レイテ戦記』などの普遍的な作品に結実させた］が愛読していたと。「私は大岡さんを尊敬しているから、大岡さんの読むものを買っているんだ」と言われて、これまたびっくりした。

奥行きのある人間というのは、極端なことを言えば、その立場からは毛嫌いされるだろうものも、興味をもって読むようなところがある。西村さんは堂々と靖国参拝反対と言っていましたが、いまの財界人はそういうことを口にできないですよね。

浜　そういう人たちが持っている奥行きの背景には、知性と教養がある。本を読むことが知性と教養の深まりに繋がり、知性と教養の深まりが新たな発見をもたらす読書に繋がる。チームアホノミクスの面々の中では、こうした行ったり来たりがまったく作動していない。知性と教養に裏打ちされた奥行きは、豊かな想像力を引き出してくれる。想像力があれば、人の痛みもわかるようになる。

想像力があれば、思想信条も発想も自分とはまったく異なる人が考えることも、理解することができる。同意できない見解についても、脈絡の中からそのような結論が出てくることを推測できる。それがリベラルアーツ的教養がもたらしてくれる効用なのだと思います。想像力なき者たちに理解力なし。かくしてチームアホノミクスの面々は奥行きを持てない。ぺらぺら集団ですね。

自由があれば、ゆとりがある

佐高　奥行きとは陰のことでもある。アホノミクスの面々は、自分に陰がないから相手に陰があることがわからないのでしょう。

浜　したがってまともに議論することができるわけがない。

佐高　もう一人、田《た》実《じつ》渉《わたる》という三菱銀行の頭取がいて、幼なじみということもあったらしいけど、前進座の河原崎《かわらざき》長《ちょう》十郎《じゅうろう》〔一九〇二―一九八一。歌舞伎役者。前進座を創設し共産党に入党するが、毛沢東支持により党と座から除名された〕と親交があったんです。前進座というのは共産党系ですよね。前進座の何周年かのパ

田実渉・元三菱銀行頭取

ーティーに頭取時代の田実が行く。そこに行って喋るわけです。ある種の好奇心を持って、それに自信があるから、いつもの自分のままに出かけたと思うんです。自分に自信がないと、異質なものに触れることに恐怖がある。ところが自信があるからそこに行って、「今日は間違った席で挨拶していると思われるかもしれませんが」と、飄々《ひょうひょう》と挨拶したそうです。一、二回インタビューしたことがあるけれど、喋っていても実に面白いんです。これが大銀行の頭取かという人ですね。殻に入っていないし、決まりきったことも言わない。

浜　逆に言えば、大銀行の頭取というのは本当はそういう人じゃないと務まらないんですよね。この人物がそうかと思わせるような人間的な深さ、広さ、意外性、内なる多様性ですね。そしておっしゃるとおり、キーワードは自信ですね。

自信があればゆとりがある。ゆとりがあるからめったなことでは怒らないし、パニックにもならない。

佐高　自信というのは、悩みや迷いを経て湧いてくるものですよね。いまの政治家にも経営者にも、それがないですね。間違っているくせに迷わない。

浜　迷わないくせにパニックになる。回路が変な繋がり方をしている。奥行きのない人間に共通するもう一つの特徴は、自分の言葉を持っていないということでしょう。型にはまった経営者はみんな同じようなことを言う。同じ順序で同じ言語で同じことを言う。気をつけていないと、ビジネススクールなどという存在がそういう人を作り上げてしまう。ビジネススクールも奥行きを忘れないようにしないと。

佐高 浜さんの前で言ったものか、ためらうけれど、私の友達に敏腕経済記者がいて、田実にインタビューをして名刺交換する時に、ぽろっと何かが落ちたんですって。見たら、記者が自分の定期入れに忍ばせてあったコンドーム。そしたら田実がそれをふっと見て「武士のたしなみですな」と言ったそうです。落とすほうも落とすほうだけど、そういうセリフはなかなか出てこないでしょう。落語みたいな話ですよね。

浜 いいですね、その呼吸。強張っていない。

佐高 人間の世界だから何事も起こり得るという境地ですね。

浜 何が起こるかわからないのが普通だという感覚ですよね。東芝の不祥事が起きたりするのも、奥行きのある人が何人かそこにいれば、これはやはり変だろうと言ったはずなのに、という気もします。

質問力と知的猜疑心

佐高 先ほど浜さんがビジネススクールとおっしゃったけれども、本来、マニュアル化できないからこそ危機というものが存在する。危機に対応するのは、自前の教養や人間的な力しかないのに、危機への対応をマニュアル化できると思ってしまう浅はかさよ。

浜　マニュアルを手に入れるために勉強するという感覚が身についてしまうと、存在がどんどんぺらぺらになっていく。

私が授業の時によく引用するのが、ジョーン・ロビンソンという女性の経済学者が言っている二つの言葉なんです。「どんな馬鹿でも質問に答えることができる。重要なのは質問を発することだ」と彼女は言っている。これを初回の授業の時に学生さんに紹介するようにしています。だから質問なくして授業なしなのだ、と言います。思えば、人類による発見と進化は、必ず誰かが何かを質問するところから始まっている。「なぜリンゴは木から落ちるのだ」とかね。

もう一つ、ジョーン・ロビンソンから引用するのが、「経済学を学ぶのは経済上の諸問題に対する出来合いの解答集を手に入れるためではない。経済学を学ぶのはエコノミストたちに騙されないためである」という言葉です。これもなかなかいい。まさしく、「マニュアル頂戴」じゃダメよ、というわけです。

こういう知的猜疑《さいぎ》心が大事だと言われながら育つと、個性的な奥行きが生まれてくると思います。早く答えを見つけなくては、早く答えの全集を手に入れなくては、という格好でやっていると、ぺらぺら度が増していきます。

佐高　それはつまり縮小再生産になるんですよね。奥行きというのは、まさに拡大再生産からしか生まれない。本を読み込む中から、本を超えるものを見出すということですよね。

それとまったく別の話ですけど、何々附属というような小学校から大学までずっと上がってくる人が増えて、地元の学校でいろんな人々と交わる機会が減ったことも大きいと思います。これはもともと朝日新聞の政治記者だった早野透《はやのとおる》が言っていたことなんですが、そう言ってから早野は、「俺も附属だけども」と付け加えていました（笑）。

浜　同じような人たちが集まっていると、ああ言えばこう言うに違いないという会話しか成り立たない。ああ言ったのにこう来たか。そういう意外性に驚いたり感動したり、ということがない。発展性がありませんよね。ほぼ思考停止状態で会話していることになる。安倍首相と麻生副総理の会話が、おそらくそんな感じなのかなと推察します。ぺらぺら度百パーセントで。

「毒舌」を見直す

佐高　下品な感じでいて、奥行きや多様性を含み持った人間も多いんですよね。たとえば田中角栄なんかは魅力的な人だったと思います。残念ながら私は角栄には会ったことがなくて、娘には嫌というほど会ったけど、ぜひ角栄に会いたかった。

角栄と同じくらい俗臭芬々《ふんぷん》の保守政治家に、大野伴睦《おおのばんぼく》［一八九〇―一九六四。自民党タカ派の政治家。日本自由党幹事長、自民党副総裁などを歴任し、情に厚い人柄で知られた］が戦争中に中国に行って帰ってくる。そして国交回復前に再び中国に行きたいと思う。けれども当然外務省は許可しない。ビザを出さない。すると大野は外務省の役人を呼んで、その時に、いろんな繋がりがあって、大野に頼みに行ったそうなんです。共産党の野坂参三《のさかさんぞう》［一八九二―一九九三。戦時下、中国共産党に合流し、戦後は日本共産党の議長を務めた。晩年にソ連のスパイとして党を除名］がいた。時、自民党の若手は反中国、反共だったから、大野のじいさんは何を考えているのかと詰め寄った。そしたら大野が、「もともとアカの人間をアカの国にやっても何の不都合もない」と言ったといいます。

私は目から鱗でしたね。アカの人間というのはいるんだと。いまはまず、その想像力すらないですよね。『大野伴睦回想録』（弘文堂）は抜群の面白さなんですよ。これを代筆したのが、なんと若き日の渡邉恒雄《わたなべつねお》です。私は復刊したらいいといろんな編集者に言っているんだけど、どこもやらないようです。保守の知恵とはこういうものかと思わされる。大野は、野坂にそこで恩を売っているわけですね。

浜　可笑《おか》しみ、諧謔、ユーモアのセンスと呼吸ですよね。それがないということが、存在感の薄さに繋がる。

佐高　「どアホノミクスを終わらせるための教養講座」ということで、ここまで政治家と経営者について話してきましたが、私は働く者こそが、教養と人間的奥行きを獲得すべきだと思う。それはアホノミクスとの闘いに、貴重な力を与えてくれるはずです。

一冊持ってきたのが立石泰則《たていしやすのり》の『さよなら！　僕らのソニー』（文春新書）です。ソニーからいかに独創性と技術が消えたかということですね。ソニーまでもか、という話です。企業社会から理念が消えたところに、安倍が出てきてしまったという印象も生じてくる。

浜　知的真空ができると危険ですね。そこをめがけてぺらぺらファシストが駆け寄ってくる。

佐高　さっきのジョーン・ロビンソンという人は最初から学者だったんですか。

大野伴睦・元自民党副総裁

浜　そうです。ずっと経済学者です。夫も経済学者でした。ジョーン・ロビンソンは一九〇三年生まれで、いわゆるケンブリッジ学派の一人です。ケインズ経済学に基づく実証研究で成果を上げました。労働問題についても研究業績が多い人です。毒舌おばさんで、辛辣《しんらつ》な諧謔がお得意。いま生きていたら、かの「働き方改革」をどれほどくそみそに批判したことかと思います。「エコノミストに騙されないために」という言い方もいいですよね。自分の同業者たちに見られる欺瞞や臆病、横並びイズム、右に倣《なら》えイズムへの軽蔑と苛立ちが滲み出ている。「あれもある、これもある」「ああでもない、こうでもない」という感じがとても嫌いだったのだと思います。毒舌はとても大事だと思います。

働く者のための必読書

佐高　誰にとっての毒か、というのが肝腎なところですね。

浜　辛口とか毒舌とか言われるものの見方、そういうものに触れることができる読み物もまた、奥行きに繋がる。教科書や優等生的解答の中からは出てこない味が毒舌や辛口の味ですよね。権力を怯ませる毒薬づくりが肝要。

佐高　私がもう一冊持ってきたのは、毒と言えばこれ以上ない猛毒、後藤組の組長、後藤忠《ごとうただ》政《まさ》の『憚りながら』（宝島社文庫）です。これを読むと、闇社会というものが、あるべくしてあるのだなということがわかる。

伊丹万作が昭和二一年に「戦争責任者の問題」を書いて、騙されること自体も悪なのだと喝破した。前にも話しましたが、これは日本人がいちばん読まなければいけない文章だと思っています。伊丹万作の娘の旦那が大江健三郎《おおえけんざぶろう》ですから、大江の編で『伊丹万作エッセイ集』が出ていて、いまはちくま学芸文庫に入っている。

ロビンソンについて、伝記的な本はあるんですか。伝記的なものに私は興味があるんです。

浜 たくさんあります。宇沢弘文さんもロビンソンについて書いていますよ。

まったくジャンルが違ってしまいますが、働く者たちがいまこの時代に読んだらいいと思うのは、アイザック・アシモフ［一九二〇―一九九二。アメリカのＳＦ作家、生化学者。ロボットを題材にした作品群は人工知能の倫理基準にも影響を与えた］のロボット物の数多くの小説です。多くが一九五〇年代に書かれているんですが、驚くべき洞察で、ロボットと人間の関係を書いています。ロボットと人間がどうやって一緒に生きていくか。ロボットに対する打ち壊しをしたがる人々とそうでない人々との葛藤。こうしたテーマを語るアシモフのロボット物は、まるでＡＩ化やＩｏＴ化に揺れるいまの世の中を描出しているようです。

働き方改革実行計画の問題性をしっかり把握したければ、ジョーン・ロビンソンの労働問題研究とアシモフのロボット物が必読かと思います。働く者の理論武装のために直接的に役に立つと思います。働き方改革実行計画を粉砕するための推薦図書。それがアシモフのロボット関連作品集です。

佐高 それは私も読んでみなければ。アシモフのロボット物というのは、ジョージ・オーウエルみたいな感じなんですか？

浜　共通する部分もあるんですけど、オーウェルほど剝き出しの社会派ではない。ロボットの立場から見ると社会がどう見えるかということや、ロボット三原則に縛られながら悩むロボットたちの姿も描かれている。人間がロボットやAIとともに生きるとはどういうことか。これは、いままさしく我々が直面させられているテーマです。このテーマについて、それこそ奥行きをもって考えようとする時、アシモフ先生が心強い助け手になってくれると思います。

小説の効能

佐高　雨宮《あまみや》処凛《かりん》［一九七五―。作家、社会運動家。右翼活動家から左派論客に転身。反貧困運動の象徴的存在でもある］の『生き地獄天国』（ちくま文庫）という本も薦めたいですね。働き方改革でも、最終的に必ず向こうは、自己責任みたいにして個人を追い詰めてくる。雨宮処凛はそれを感じて息苦しくなって、何回もリストカットしていた。ところがある時、これは社会の問題だと発見して楽になる。それは当然の話なんですが、彼女の自己発見と社会の発見の過程が生々しく伝わってきます。

　それと、私なんかは偏った読書ですけど、一応トマス・ペイン［一七三七―一八〇九。イギリス出身のアメリカの哲学者。『コモン・センス』で民主的平和論を説き、アメリカ独立への気運を高めた］の『コモン・センス』（岩波文庫他）は薄い本だし、民主主義とはこういうものだと原点に帰って考えるにはいい。王の神聖性をはぎとって、その先祖はだいたいギャングだと見事に捉えている。文章による訴え方も上手い。
浜　トマス・ペインもまさに、言葉の使い方と選び方によってヴィヴィッドに、守るべきもの、民主主義のあるべき姿を描いていますね。信仰の自由に関するくだりなどは、ぜひ、ドナルド・トランプに読ませたい。あれだけシンプルな語り口なら、トランプにも読めるでしょう。
　大正末期の紡績工場で働く女性労働者の姿をルポルタージュした細井和喜蔵《ほそいわきぞう》の『女工哀史』（岩波文庫他）とか、石川啄木《いしかわたくぼく》が大逆事件後の冬の時代に正面から対峙して、文学と社会の真剣な拮抗を感じさせる『時代閉塞の現状』（岩波文庫他）とか、ああいった古典はぜひとも一通り読むべきだと思います。
　大江健三郎は読みにくいですけど、『万延元年のフットボール』（講談社文芸文庫）などは読まれてしかるべきです。
佐高　大江は、特に初期のものはいいですよね。
浜　やはり小説を読まないとだめです。小説を読まないと、想像力の窓がどんどん小さくなって、他人の痛みへの感受性も鈍っていくと思います。
佐高　それこそ奥行きのない人間になってしまう。堀江貴文《ほりえたかふみ》の本があれだけ売れているというのは、奥行きのない人間が拡大再生産されているということでもある。

浜　マルクスの『資本論』（岩波文庫他）も、アダム・スミス〔一七二三―一七九〇。イギリスの経済学者、哲学者。主著『国富論』により近代経済学の始祖とされる〕の『国富論』（岩波文庫他）も、絶対に読まれるべきだと思うし、早わかりなんてしようとしないで、どういう書き方で、どういう社会状況をどう書いているのかということをしっかり確認すべきです。また聞き、また読みではなくて、大変ですけど、原典を読むことが重要だと思います。

アダム・スミスと言えば「神の見えざる手」だと条件反射的に覚えている人が多い。だけどあれは原典では「神の見えざる手」ではなく、「市場の見えざる手」でもなく、単なる「見えざる手」なんです。しかもそのフレーズは、巨大な書物の中で一回しか出てこない。しかしそこに重要な意味がある。原典に立ち戻って読んでいないと、「見えざる手」だけが尾びれ・胸びれ付きで一人歩きしてしまう。どうかすると、アダム・スミスこそ新自由主義の守護神なのだと思い込まされてしまう。それはあまりにも大いなる誤解です。何はともあれ、原典で何がどう言われているかをしっかりチェックすることが必須だと思います。

余談ながら、これはアホノミクスの大将が言っていることについても同じですね。敵だからこそ、何をどう言っているのかを正確に把握しておく必要がある。そこから逃げてはいけない。

アダム・スミスの「見えざる手」

佐高　アダム・スミスは実際にはどんなことを言っているんですか。よく言われている新自由主義の元祖であり、「神の見えざる手」ないし「市場の見えざる手」と理解されていることと、実際に書かれていることは、どう違うんですか。

浜　彼が言いたかったことは、端的に言えば「見える手」を排除せよということなんです。見える手という言葉自体を使っているわけではありませんが、国家が人々の生活や活動に介入して、愛国消費とか愛国投資などを強要するのはけしからん、ということを言っています。そんなことをしなくても、人々の自己展開の中で物事は収まるべきところに収まっていく。だから、政府は見える手を振り回してしゃしゃり出てくるな。それが「見えざる手」論の基本的主張です。重商主義と国家主義が結びついて「諸国民の富」を蝕《むしば》むことなかれ。それが『国富論』の本源的メッセージだと言えるでしょう。

佐高　経済が自ずから持つ公平性みたいなものに任せよ、ということですか。

浜　経済活動が必ずしも公平な結果をもたらすとは限りませんが、アダム・スミスが最も糾弾したかったのは、権力の見える手がそこに介入することによって、重商主義的な計算に基づいた不平等と不公正が発生することだったのだと思います。

いまはグローバル時代で、国際分業の形も貿易の中身も、『国富論』の時代とは大きく異なってきています。ですから、スミス先生が言っていることのすべてがいまの世の中に当てはまるわけではありません。ですが、それはそれとして、権力による見える手の介入を糾弾する彼の声は、偽預言者たちがうようよするいまの時代だからこそ、改めて貴重な響きを帯びてきていると思います。

佐高　国家が介入してきた場合には必ず愛国というかたちで経済や企業活動を国に奉仕させるように動いていく。軍需産業全盛になっていく。経済が軍需に繋がる時代に、スミスは警鐘を鳴らしたということですかね。民生、国民の生活というところに経済の原点がある、と。

浜　そういうことです。国家の富を増やすところに本質があるのではない。あの本は、『諸国家の富とその原因の研究』ではなくて、『諸国民の……』なんです。そこが斬新だった。主役は国民であって、国家ではない。それを本のタイトルとして言い切っているわけですから。国家を富ませるにはどうするか、という発想に立つと、どうしても重商主義的な行動を是認することになっていく。重商主義とは、端的に言えば、モノの価値は、それがどれだけの金銀財宝を稼ぎ出すかによって決まる、という考え方です。アダム・スミスはこれとはまったく別の価値観を提示した。それが労働価値説です。つまり、モノの価値はそこに投じられた人間の労力によって決まるという考え方です。

佐高　重商主義と労働価値説の関係をモジって私は、「社富員貧」という言葉を作ったことがあります。会社は富むけど社員は貧しい。それは「国富民貧」という意味でもあって、そこにいかに楔を打つかが我々のやるべきことですよね。権力は、国や会社を大きくすることが国民の幸せに繋がるという嘘っぱちを一生懸命流してくる。そうではないのだ、ということですよね。

浜　いま国民が、かつてなく計画的に、国家に奉仕させられようとしているわけです。そういう状況にちょろまかされないための土台形成のために何を読むかというと、これまで挙げてきた一連の書物がお薦め。

マルクスと藤沢周平

佐高　浜さんがロビンソンの言葉を引くように、私も魯迅《ろじん》や竹内好《たけうちよしみ》とかで、騙されない知恵を磨くことが大事だと思っています。魯迅の話をすると、横浜国大にいた岸本重陳《きしもとしげのぶ》さん［一九三七―一九九九。市民の立場からの経済学を構想。中流幻想批判で知られる］に私は親しくしてもらいました。岸本さんは魯迅を原語で読んでいるんですよね。中華街で家庭教師をしていたらしくて、その生徒から中国語を習って、白文で読んだと自慢していて、ちくしょうと思った。船橋洋一《ふなばしよういち》［一九四四―。評論家、ジャーナリスト。元朝日新聞主筆。「日本再建イニシアティブ」を設立し、福島原発事故を検証］も中国語で読んだと言っていた。浜さんもマルクスは原文で読んだんですよね。

浜　はい。いや、厳密に言えば原文ではなく、英語版です。『資本論』は最近はいろいろな翻訳が出ていますが、岩波の向坂逸郎《さきさかいつろう》訳はとてもじゃないけれどわからない。英語で読むとけっこう理解できるんです。厄介ですけど、でもわかります。いま働く者が置かれた立場に光を当て得る、非常に重要な本です。

　バーナード・ショーの戯曲はみんな読んでいます。徹頭徹尾、体制に抗している。それを巧みに語っていて、極限的に芸術的な毒舌ぶりをいかんなく発揮している。

佐高　アメリカの女優との会話がありましたね。バーナード・ショーに惚れ込んだパトリック・キャンベルが「私たちが結婚すれば、あなたの頭脳と私の美貌を持った子どもが生まれる」と言って近づいてくると、「いや、あなたの愚かな頭脳と、私の容貌を兼ねそなえた子どもが生まれるだろう」と答えたという。

浜　ショーにしては結構シンプルな毒舌ですね。相手のレベルに合わせたか？（笑）

佐高　浜さんが繰り返し読む本は？

浜　これでもかというくらい読む本がたくさんあります。ジョージ・オーウェルは、ここぞという時に、何回読んでいるかわからない。本当にそのシーンに入り込んでいくような感じで読みますね。

アガサ・クリスティーは文章が上手い。何も事件が起こっていなくても、抗えない描写力がある。

グレアム・グリーンは、神と人間の向き合いを描いてシンプルにして凄まじい。アガサ・クリスティーもそうですが、読むたびに発見があるんです。

願わくば、自分は年とともに賢くなっていると思いたい。賢さの高まりとともに、繰り返し読む本の中に新たな発見があるはず。そんな期待も込めての反復読書です。実際に必ず何か新しいものが見えますね。自分の賢さは高まっていなくても、状況の変化が新たな発見に繋がるという面がある。そこにこそ、反復読書する本たちの底力があるのでしょうね。

佐高　意外なセレクトですね。私は池波正太郎《いけなみしょうたろう》、藤沢周平《ふじさわしゅうへい》。あとはチェーホフ。シェークスピアの痛烈な毒舌にも痺れます。

浜　猛烈に毒舌を形にするのが上手い。言葉の魔術師だなとつくづく思いますね。

落語から人間を知る

佐高　浜さんは落語が好きなんですよね。

浜　大好きです。江戸落語なら古今亭志ん朝《ここんていしちょう》、上方で生きている人なら文珍《ぶんちん》。子どもの頃は、志ん朝のお父さんの志ん生《しょう》が生きていて、ラジオでよく聞いていましたね。

佐高　親の影響?
浜　そうですね。うちの母親が、洋物も好きですけど、芝居や歌舞伎をよく見に行っていましたし、落語も当たり前のように聞いていました。
佐高　志ん生は美濃部《みのべ》という名字ですよね。
浜　そうです、そうです。我が母方の家は美濃部一族の系統なので、紋も同じです。どこかでは繋がりがあるんだと思いますけど、特にそれを意識して聞いていたわけではない。
佐高　友達に落語好きなんていなかったでしょう?
浜　そうですね。
佐高　私は落語には詳しくないんですが、取材ですごい経験をしました。米朝《べいちょう》と枝雀《しじゃく》を両方、個別にお会いしたんですけど、取材のなかで口ずさんでくれたりするわけですよ。
浜　それはすごいですね。
佐高　しかし私は熱狂的落語ファンではないから舞い上がる感じもなかった。
浜　米朝は上方では超トップと言えると思います。
　落語は本当に面白いですよ。何が面白いって、特に古典落語は人々の生態が滲み出てくるし、あの頃の日本人ってこういう感じだったのかというのがよくわかるんです。同質性が高くみんな金太郎飴的というのが日本人の本性ではないのだということが、落語を聞いていると見えてくる。実に多様なる人々が共存していて、勝手なことばかり言っている。人の顔色を見るというのでもないし、突出してはいけないという感覚もない。それでいて長屋では絶妙な呼吸で共同生活をしていますよね。そういう姿があざやかに出てくるので、猛烈に面白いんです。

佐高　暮らしと人生を楽しんでいるという手ごたえでしょうか。

浜　江戸人はカッとなったりもするけれど、すぐ忘れるし、人間の大らかさを感じますね。日本人がある時から自らを閉じこめてしまった殻を、全然持っていなかった時代と言えるかもしれません。

佐高　いままで浜さんはあまり落語については語っていないんですか？

浜　そうですね。落語を援用して語ることは文章の中でやっていますけど、落語そのものについては語っていませんね。

佐高　浜さんの落語好きは、知る人ぞ知るという感じでしょうか。

浜　書いたものの中に落語を使っていますからね。かつて『老楽《おいらく》国家論』（新潮社）という本を書いたんですが、「老楽」というのは、文珍さんの「老楽風呂」から借用したんです。読んでくれた人の中に、浜は落語が好きなんだなと知っていてくれる方はそこそこおいでになるかと思います。

アホノミクスにとどめを刺す

佐高　最近は忙しくてなかなか高座にも行けないんじゃないですか。
浜　そうですね。ただ、こう言っては失礼かもしれませんが、いまの若手の落語家たちは総じて下手ですよね。一つの問題は観客が安直に笑うということです。
佐高　なるほど。下手な落語に安易に笑うというのは、やはりいまを感じてしまいますね。安倍にだまされることのほうがはるかに罪は重いですが。
浜　下手な落語家は罪なきものですけど、安倍首相の誇大妄想に駆られてついていくと途轍もないことになってしまいます。
佐高　安倍政権の支持率が低下している。一刻も早く打倒しなければいけないし、その可能性も大きくなってきたわけですが、いまこそ拳を固めるときです。
　問題を押さえ込む「型」が安倍の中でできあがってきているところもある。前川の四つ上の文部官僚だった寺脇研《てらわきけん》を私は昔から知っているんだけど、彼が、内閣府は昔の内務省になっていると言うんです。菅は内務大臣だと。内務省支配はすさまじい思想コントロールをするわけですね。人事権は人事局が握って、菅が気に入らないのは差し戻しする。よほどのエネルギーが爆発しないとひっくり返せない仕組みができあがってしまっているというのが寺脇の弁です。

浜　たしかに内閣府は得体が知れない。でも、自らつくった枠組みに縛られて倒れるという姿も期待したいところです。

佐高　テレビを見ていたら、菅の記者会見で、東京新聞の女性記者が鋭く突っ込んでいました。星浩《ほしひろし》とか後藤謙次《ごとうけんじ》とかの日向水《ひなたみず》みたいなコメントよりはるかにいい。

浜　勢いがありましたね。素晴らしい。アホノミクス一党の、本能的に察知され得る疑わしさが表に出てきているのも重要です。ジャーナリストたちの仕事は、それをどんどん露出させることです。そういう気運が高まってくるといい。空気そのものが変わってきたのは確かですね。

佐高　ことは安倍一人の問題ではなく、構造そのものだから楽観はできませんが、なんとかとどめを刺したいところです。

浜　アホノミクスを完璧に終わらせないと、新しいケア付きシェアの公共意識高き社会をつくる運動が始まりません。そのためにも、我々の闘いはまだまだ続きます。

おわりに

佐高《さたか》　信《まこと》

浜さんは自らの経済学の核心は「もらい泣き」だという。そして、安倍晋三の強調する愛国心は「愛僕心」だと批判する。僕ちゃん、つまり安倍自身とそのお仲間しか大事にしない愛国心ならぬ愛僕心は、他人の不幸に涙するもらい泣き経済学の対極に位置する。

僕ちゃんとその仲間のためのアベノミクスは、そもそも経世済民の経済学ではない。経済政策などとは言えないそれを、メディアはああでもない、こうでもないと云々するが、浜さんのようにズバリとアホノミクスと言い捨てるべきなのである。それも、どがつくどアホノミクスだ、と。

安倍を僕ちゃんと呼び、トランプをトランプ親父と称する浜さんのメリハリの利いた言葉のセンスには感心するばかりだが、『どアホノミクスの正体』を出した後に、私がホスト役の『俳句界』の対談に出てもらって、その背景に浜さんの落語好きがあることがわかった。

古今亭志ん生、志ん朝親子、そして、桂文珍などに惹かれてきたのである。

「落語の何が面白いかというと、〝おかしい〟からなんですけど、特に古典落語は人々の生態が滲み出てくるし、あの頃の日本人はこういう感じだったのかというのがよくわかる。同質性が高くみんなが金太郎飴みたいだ、というのが日本人の本性ではないとわかる。実に多様な人々が共存していて、みんな勝手なことを言っているんです。人の顔色を見ているでもないし、あまり突出してはいけないという考えもないし、それでいて、長屋で絶妙な呼吸で共同生活をしていますよね。そういう姿が、すごくヴィヴィッドに出てくるので、猛烈に面白いです」

浜さんがこう語るのを聞きながら、私は立川談志《たてかわだんし》がかわいがったお笑い芸人の松元《まつもと》ヒロさんのことを思い出していた。

アブナイことを話すのでテレビからは敬遠されているヒロさんが、一度、至近距離で安倍と会ったことがある。安倍が首相を〝中退〟してまもなくだった。安倍が案内する国会見学ツアーにまぎれ込んだのである。

小学校高学年か中学生かという年頃の子どもが、

「安倍さんはどうして国会議員という職業に就いたんですか？」

と尋ねた。すると安倍は、

「それはですね、私の父も私のおじいさんもこの仕事をやりました。だから、この職に就きました」

と答えたのである。

その瞬間、ヒロさんは、

「これは正真正銘のバカだ」

と確信したと言う。

そんな安倍の主張するアベノミクスならぬアホノミクスをまともに論じてはならない。問題外の、およそ経済政策とは言えないものだと斬り捨てなければならない。

その前提で浜さんと私は一致する。

前著のオビには「過激な論客ふたりが初めて手を組んだ！」とあったが、私は自らを「過激」などと思ったことはない。おそらく、浜さんも同じだろう。「辛口」とか「激辛」とも言われるが、だいたい、辛口でない「甘口」のエコノミストや評論家など、この世に存在していいのか。「激甘」に至っては気持ち悪いだけである。

しかし、とりわけ、この国には現政権にシッポを振ってアベノミクスの意義を説く輩がいる。残念ながら、その手合いの方が多いのである。

中立と称する者たちも結局はこの人たちの仲間になるが、浜さんの言うように、野党は物欲しげに「次の内閣」などと言っていないで、「影の内閣」に徹すべきなのである。

野党は徹底的に政権を批判し抜けばいいのであって、対案を出すなど最悪だ、と浜さんは言い切る。

私も、「対案を出せ」と言う奴と、「自己責任」を言いたがる者は「敵」だと思っている。能村登四郎《のむらとしろう》の句に「幾人か敵あるもよし鳥かぶと」があるが、毒を愛し、できるだけ言葉に毒を含ませたいと思っている私が共感できる句であり、浜さんも手を叩いて頷いてくれるだろう。

敵をつくることを恐れる者は味方をも敵にまわしてしまうという意味のことを言ったのは、むのたけじさんだった。

前著より、さらに毒の含有度を増したこの本は、毒とはすなわち薬なのだから、経世済民の書である。

愚かなNHK的中立幻想を吹きとばし、生きていることの愉快さに立ち戻りたい人は、すぐにこの本を手に取って耽読すべきである。読者は緊密な遣り取りの中に読書の快楽をも見出すだろう。

二〇一七年八月一五日

佐高 信

1945年、山形県生まれ。慶應義塾大学法学部卒。高校教師、経済誌編集者を経て、評論家に。『週刊金曜日』編集委員。近著に『〝同い年〞ものがたり』(作品社)、『バカな首相は敵より怖い』(七つ森書館)など。浜氏との共著は『大メディアの報道では絶対にわからない どアホノミクスの正体』(講談社＋α新書)に続く2冊目。

浜 矩子

1952年、東京都生まれ。一橋大学経済学部卒。三菱総合研究所初代英国駐在員事務所所長、同社政策・経済研究センター主席研究員などを経て、同志社大学大学院ビジネス研究科教授。エコノミスト。近著に『どアホノミクスの断末魔』(角川新書)、『世界経済の「大激転」 混迷の時代をどう生き抜くか』(PHPビジネス新書)など。

講談社＋α新書 733-3 C

大メディアだけが気付かない

どアホノミクスよ、お前《まえ》はもう死《し》んでいる

佐高《さたか》 信《まこと》

浜《はま》 矩子《のりこ》

2017年9月20日第1刷発行

発行者——— 鈴木 哲

発行所——— 株式会社 講談社

東京都文京区音羽2-12-21 〒112-8001

電話 編集(03)5395-3522

販売(03)5395-4415

業務(03)5395-3615

デザイン——— 鈴木成一デザイン室

カバー印刷——— 共同印刷株式会社

印刷——— 慶昌堂印刷株式会社

製本——— 株式会社若林製本工場

ISBN978-4-06-291502-1